各种蘑菇的烹饪指南

100种易于烹饪的蘑菇食谱

贾斯汀琼斯

版权所有。

免责声明

本电子书中包含的信息旨在作为本电子书作者研究过的策略的综合集合。摘要、策略、提示和技巧仅是作者的推荐，阅读这本电子书并不能保证您的结果将完全反映作者的结果。电子书的作者已尽一切合理努力为电子书的读者提供最新和准确的信息。对于可能发现的任何无意的错误或遗漏，作者及其相关方不承担任何责任。电子书中的材料可能包括第三方提供的信息。第三方材料由其所有者表达的意见组成。因此，电子书的作者不对任何第三方材料或意见承担任何责任或义务。

目录

介绍

A. **白蘑菇**是一种可食用的蘑菇，未成熟时有两种颜色状态——白色和棕色——两者都有不同的名称。成熟时，它被称为 Portobello 蘑菇。白蘑菇是未成熟的白色品种。它是所有蘑菇类型中最常见、味道最温和的一种。

B. **小蘑菇**也被称为 Cremino 蘑菇、瑞士棕色蘑菇、罗马棕色蘑菇、意大利棕色蘑菇、经典棕色蘑菇或栗子蘑菇。**Criminis** 是年轻的 Portobello 蘑菇，也作为婴儿 portobellos 出售，它们只是更成熟的白色蘑菇。

C. **波托贝罗蘑菇**也被称为：田间蘑菇或开盖蘑菇。波多贝罗蘑菇质地致密，味道浓郁。在意大利，它们被用于酱汁和意大利面，是一种很好的肉类替代品。另外，如果你想要面包替代品，你甚至可以使用蘑菇的平盖。它们非常适合烧烤和填馅。

D. **香菇**又名：香菇、黑森林、黑冬、褐橡、中国黑、黑蘑菇、东方黑、森林蘑菇、金橡、冬香。香菇具有淡淡的木质风味和香气，而干香菇则更浓郁。它们味道鲜美且多肉，可用于搭配肉类菜肴以及增强汤和酱汁的风味。香菇既有新鲜的也有干的。

E. **平菇**是世界上种植最普遍的食用菌之一。王喇叭蘑菇是平菇属中最大的物种。它们烹饪简单，味道细腻甜美。它们特别适用于炒菜或炒菜，因为它们始终很薄，因此比其他蘑菇煮得更均匀。

F. **金针菇**有新鲜的或罐装的。专家建议食用带有坚硬、白色、闪亮菌盖的新鲜金针菇标本，而不是那些最好避免食用带有粘液或褐色茎的金针菇标本。它们很好吃，在亚洲烹饪中很常见。因为它们很脆，所以它们很适合做汤和沙拉，但您也可以将它们用于其他菜肴。

G. **鸡油菌**呈橙色、黄色或白色，多肉，呈喇叭状。由于难以养殖，鸡油菌通常在野外觅食。有些品种有水果味，有些则有木质、泥土的香味，还有一些甚至可以被认为是辛辣的。

H. **牛肝菌**是一种类似于波多贝罗的多肉蘑菇，牛肝菌是意大利美食中常用的蘑菇类型。它的味道被描述为坚果味和略带肉味，具有光滑的奶油质地和独特的香气，让人联想到酸面团。

I. **姬菇**应该总是煮熟：由于有点苦，它不是生吃的好蘑菇。煮熟后苦味完全消失，蘑菇的味道变得略带坚果味。这是一种在炒菜、汤、炖菜和酱汁中效果很好的蘑菇。

J. **羊肚菌**他们的帽子上有蜂窝状的外观。羊肚菌受到美食厨师的青睐，特别是在法国美食中，因为它们超级美味可口

白蘑菇

1. 大豆和芝麻烧烤蘑菇

原料

- 4 大白蘑菇

- 2 白菜，纵向对半切开，洗净

- 400 克炸豆腐，厚片

腌料：

- 2 汤匙酱油

- 1/3 杯蜂蜜 3 汤匙酸橙汁 1/2 茶匙辣椒片

- 2 瓣大蒜，切碎

配菜：

- 芫荽叶

- 烤芝麻

- 青柠角

方向

a) 要制作腌料，请将所有成分搅拌在一起。用 3/4 的腌料腌制蘑菇约 3 分钟。15 分钟。

b) 将蘑菇、白菜和豆腐片放在一个大托盘上，然后将腌料全部倒在上面，确保蘑菇涂好。

c) 将烧烤用高温加热，然后将蘑菇烤至刚刚倒塌但摸起来仍然坚硬。

d) 将蘑菇放入剩余的腌料中，并再次涂上蘑菇。搁置。继续烤豆腐和白菜，每面 2-3 分钟。

e) 在一个大盘子或木板上，放上白菜，切面朝上，豆腐和 4 个大蘑菇放在上面。撒上芝麻和香菜，并用青柠角装饰。

2. 鸡蛋蘑菇沙拉碗

原料

- 500 克白蘑菇，擦干净

- 1 个西葫芦，切成丝带（使用削皮器）

- 4 个中小型甜菜根，去除顶部

- 1-2 汤匙糖

- 1 茶匙盐

配菜：

- 新鲜香草薄荷、罗勒、欧芹或莳萝

- 黑芝麻 柠檬面颊

- 1 罐鹰嘴豆，沥干

- 4 个鸡蛋 100 克芝麻菜

- 1 个牛油果

- 2 汤匙橄榄油

- 盐和胡椒

- 烤扁面包，上菜

腌料：

- 4 汤匙 EV 橄榄油

- 2 汤匙陈年杏醋

- 1 茶匙第戎芥末盐和胡椒粉一把撕碎的罗勒叶

- 腌胡萝卜：200 克胡萝卜，去皮切丝

- 1 杯水

- 1/2 杯白醋

方向

a) 预热烤箱至 180°C。将甜菜根放在一大块箔纸上，淋上橄榄油、盐和胡椒粉，然后包成小包。放在烤盘上烤，直到甜菜根完全煮熟。

b) 让其冷却。将甜菜根皮去皮，切成四分之一或八分之一。放在碗里，淋上少许橄榄油和额外的调味料。

c) 同时，将鸡蛋放入沸水中煮 7 分钟，然后用冷水冲凉。剥皮放在一边。

d) 对于蘑菇腌料，将橄榄油、香醋、芥末、盐和胡椒搅拌在一起。加入蘑菇片和罗勒，并涂好。搁置。

e) 使用 4 个浅碗盛装。将鹰嘴豆、西葫芦片、下面放芝麻菜的甜菜根、蘑菇、腌胡萝卜和鳄梨分成小组放在碗的内边缘。将鸡蛋切面朝上。

f) 淋上大量特级初榨橄榄油、盐和胡椒粉、黑芝麻和新鲜香草。与柠檬面颊和烤面包一起食用。

3. 越南蘑菇面条沙拉

原料

- 400 克白蘑菇，切成薄片

- 230 克细米粉（粉丝式）

- 1 根中等大小的胡萝卜，去皮并切成细条

- 1 个大陆黄瓜，纵向减半，种子

- 1 个中等大蒜瓣，切碎

- 1-2 个小红辣椒，去籽并切碎

配菜：

- 1/2 杯切碎的花生（如果使用）或香葱

- 酸橙或柠檬角（可选）

- 芝麻油

- 1 个小红洋葱，去皮，纵向切成薄片

- 1 杯豆芽，洗净沥干

- 1 束香菜，洗净，去根

- 1/2 束薄荷，洗净，摘叶

敷料：

- 1/2 杯鱼露

- 1/3 杯棕榈糖

- 1/4 杯新鲜柠檬汁或酸橙汁

方向

a) 根据包装说明煮面条。用冷水冲洗并沥干水分。放在一个大的搅拌碗里。

b) 对于敷料，将所有敷料成分放入罐中并摇匀以混合。搁置。

c) 在面条碗中加入胡萝卜、黄瓜、红洋葱、豆芽、蘑菇和 **3/4** 的香草。用手轻轻搅拌所有配料，然后加入调料。再抛一次结合。

d) 在一个大盘子或单独的碗里，盛上沙拉，上面撒上切碎的花生（或小葱）、剩余的香草和少量芝麻油。

e) 用柠檬和/或酸橙角装饰。

4. 烟熏烧烤野蘑菇配扁豆

原料

- 4 大棕色蘑菇

- 1 杯绿扁豆

- 250 克青豆，洗净，去除顶部

- 400 克南瓜，去皮、去籽并切成 1 厘米厚的楔形

- 100 克沙拉叶、嫩菠菜/火箭菜/混合叶

- 一把欧芹，洗净并切碎

- 50 克烤杏仁片

- 一把薄荷叶

腌料：

- 1/4 杯 EV 橄榄油 2 个柠檬汁

- 1 瓣大蒜，切碎

- 1 茶匙烟熏辣椒粉盐和胡椒粉

方向

a) 对于蘑菇腌料，将 3 汤匙橄榄油、柠檬汁、大蒜、烟熏辣椒粉、盐和胡椒粉搅拌在一起。留出 3-4 汤匙腌料以备后用。把剩下的腌料倒在蘑菇上，涂好。预留约。20 分钟。

b) 煮扁豆，用冷水冲洗并沥干。在一个大锅中，将 4 杯水加入 1 杯扁豆中。为了增加风味，添加月桂叶。将锅煮沸，然后转为非常低的文火，盖上锅盖并煮大约 10 分钟。20 分钟。用筛子沥干扁豆中的水并丢弃月桂叶。让其冷却。

c) 把豆子和南瓜放在碗里，涂上一些橄榄油、盐和胡椒粉。

d) 将烧烤炉预热至中高火，然后将蔬菜烤至变软。

e) 把烤好的蔬菜放在一个大碗里。烤蘑菇，经常翻动它们大约。5-6 分钟。放在一个单独的碗里，撒上欧芹。

f) 混合沙拉时，将煮熟的扁豆加入豆子和南瓜中，加入沙拉叶、薄荷和剩下的调料。用手轻轻地把沙拉拌匀。

g) 上菜时，将扁豆沙拉放在一个大盘子里，撒上杏仁片，然后在上面放上 4 个蘑菇。淋上蘑菇剩下的汁液。

h) 与硬皮面包或您最喜欢的烤肉一起食用。

5. 蘑菇和红卷心菜沙拉

发球 2-4

原料

- 100 克蘑菇，切成薄片

- 100 克香菇，去蒂，切成薄片

- 100 克平菇，切成薄片

- 2 汤匙酸橙汁

- 2 茶匙酱油

- 1 瓣大蒜，去皮并压碎

- 2 汤匙柠檬汁

- 3 汤匙特级初榨橄榄油

- $\frac{1}{4}$ 红甘蓝（约 150 克），去核，切丝

- 2 汤匙苹果醋

- 1 茶匙细砂糖

- 100 毫升原味酸奶

- 50 毫升植物油

- 盐和黑胡椒

- 一把罗勒叶

方向

a) 将纽扣蘑菇和香菇放入一个碗中，将平菇放入另一个碗中。将酸橙汁和酱油加入纽扣和香菇中。将大蒜和 1 汤匙柠檬汁加入平菇中。分别加入一半的橄榄油，然后混合。

b) 将卷心菜与醋和糖混合，将卷心菜和蘑菇都腌制至少 2 小时，最好是 6-8 小时，盖上冰箱。把两者都扔几次。

c) 用酸奶和植物油搅拌剩余的柠檬汁，然后用盐和胡椒调味。服侍时，将蘑菇一起搅拌并沥干汁液。撕下罗勒叶，与卷心菜混合。

d) 把卷心菜分在盘子里，然后把蘑菇放在上面。再次搅拌酸奶，然后淋在沙拉上。

狮鬃菇

6. 狮鬃乳蛋饼

原料

- 1 个糕点壳
- 少许盐和胡椒粉
- 2 杯磨碎的奶酪
- 1 杯牛奶
- 1 个中等大小的洋葱，切丁
- 2 汤匙面粉
- ½ 磅狮鬃菇，切成薄片
- ¼ 茶匙干芥末
- 1 汤匙黄油 3 个鸡蛋
- 1 汤匙橄榄油

路线：

a) 用奶酪覆盖糕点壳的底部。在 1 汤匙黄油和 1 汤匙橄榄油的混合物中炒蘑菇和洋葱，直至变软。

b) 将蘑菇/洋葱混合物放在奶酪上。加入盐和胡椒调味。

c) 将面粉、鸡蛋、牛奶和干芥末搅拌在一起，倒在蘑菇层上。以 375 度烘烤或直到中心变硬。

7. 狮鬃肉汁

原料

- $\frac{1}{2}$ 磅狮鬃菇，切片或切碎
- 3 汤匙黄油
- $\frac{1}{4}$ 杯切碎的洋葱
- 2 杯淡奶油（或精选牛奶）
- 2 杯水
- 3 汤匙面粉

路线：

a) 将水和 2/3 的蘑菇混合，用文火炖 20 分钟。在单独的平底锅中，将黄油、剩余的蘑菇和洋葱炒至棕色。

b) 将面粉混合物撒在蘑菇/洋葱混合物上，煮几分钟。

c) 混合奶油（或牛奶）和水的混合物，加入炒菜中。在敞口的平底锅中炖至达到所需的稠度。

8. 温暖的狮鬃菇沙拉

产量：1份

原料

- 2 汤匙橄榄油

- 1 个柠檬；果汁

- 2 茶匙全麦芥末

- 1 汤匙清蜂蜜

- 盐和现磨黑胡椒

- 3 汤匙橄榄油

- 2 片粮仓面包；去壳，混合沙拉叶

- 8 个圣女果；减半

- 1 125 克包狮鬃菇；然后每个减半；切成薄片的一半

路线：

a) 将所有调味料混合在一起，然后加入调味料调味。冷却直到需要。

b) 在煎锅中加热 2 汤匙油，加入面包块，煎至金黄色。用吸水厨房纸吸干水分。

c) 将准备好的生菜叶、圣女果和油煎面包块放在盘子或一个大碗里。

d) 在煎锅中加热剩余的汤匙油，加入大蒜和狮鬃菇片。将蘑菇炒至两面呈金黄色，大约需要 3-5 分钟。

e) 将蘑菇片放在沙拉上，淋上沙拉酱。

9．狮鬃蟹饼

原料

- 8 盎司。狮鬃菇

- 1 个鸡蛋（或亚麻蛋）

- 1/2 杯 panko 面包屑

- 1/4 杯洋葱（切丁）

- 1 汤匙蛋黄酱或纯素蛋黄酱

- 1 茶匙伍斯特沙司

- 3/4 茶匙老海湾调味料

- 1 茶匙第戎芥末

- 1 汤匙欧芹（切碎）

- 1/4 茶匙盐（根据你的口味）

- 1/4 茶匙黑胡椒

- 2-3 汤匙油（用来煎蛋糕）

- 2 最佳装饰：柠檬角

- 快速鞑靼酱

- 1/4 杯蛋黄酱或纯素蛋黄酱

- 1 汤匙莳萝泡菜调味料

● 1/4 茶匙老海湾调味料

方向

a) 将狮鬃菇用手撕成类似蟹肉质地的小块。

b) 在大碗中，混合鸡蛋、蛋黄酱、洋葱、伍斯特沙司、老海湾调味料、第戎芥末、欧芹（切碎）、盐和胡椒。混合直至完全融合。

c) 加入狮鬃菇，直至完全融合。

d) 加入 Panko 面包屑，直至完全混合。

e) 将混合物制成 3-4 个大小相等的圆形扁平馅饼（约 1/2 至 3/4 英寸厚）。

f) 用中/高温在炒锅中加热油。

g) 每面煮肉饼约 2-3 分钟。应该是金黄色的，并且完全煮熟。

h) 添加可选的装饰物，挤柠檬汁，尽情享用吧！

10.　　香煎狮鬃菇

原料

对于蘑菇：

- 1 磅狮鬃菇，擦干净并切成薄片⅓英寸件

- 1 个鸡蛋

- ½ 杯牛奶

- 1 杯通用面粉

- 2 茶匙辣椒粉

- 2 茶匙干罗勒

- 1.5 茶匙海盐

- 1 茶匙胡椒粉

- 1 茶匙大蒜粉

- 1 茶匙洋葱粉

- 3-6 汤匙烹饪用植物油

方向

a) 在一个碗中，将鸡蛋打至炒熟，加入牛奶搅拌直至混合。在另一个碗中，将面粉与所有干调味料——辣椒粉和洋葱粉混合，搅拌均匀。

b) 将一片狮鬃菇浸入鸡蛋混合物中，然后将其浸入面粉混合物中。放在一个大盘子或砧板上。继续，直到大约一半的蘑菇被浸渍和疏浚。

c) 用中火预热一个大煎锅。将 1-2 汤匙植物油（或选择的食用油）加入煎锅中，然后将热油旋转。

d) 用钳子轻轻地将挖出的蘑菇片放入煎锅中，注意不要挤满锅。把火调低——这样蘑菇就可以彻底煮熟，而不会烧焦和变褐太多。稍微倾斜平底锅，使油均匀分布。继续用小火在一侧煮 3-4 分钟，注意不要烧焦蘑菇。

e) 用钳子小心地把每个蘑菇片翻过来，在另一边煮 3-4 分钟。

f) 小心地从煎锅中取出炸蘑菇，放在纸巾上吸去多余的油。

g) 用干净的纸巾擦拭煎锅（用钳子夹住纸巾，以免烫伤手！！），然后重复步骤 2-4，直到蘑菇全部煮熟。

h) 将番茄酱 + 蛋黄酱（或使用您最喜欢的蘸酱）混合在一起，趁热食用。

11.　　　炸狮鬃菇。

份量：4

原料

对于蘑菇：

- 1 磅狮子鬃毛蘑菇，擦干净并切成薄片⅓英寸件

- 1 个鸡蛋

- ½ 杯牛奶（任何种类 - 如果使用植物奶，则不加糖和无味）

- 1 杯通用面粉

- 2 茶匙辣椒粉

- 2 茶匙干罗勒（或意大利调味料或牛至）

- 1.5 茶匙海盐

- 1 茶匙胡椒粉

- 1 茶匙大蒜粉

- 1 茶匙洋葱粉

- 3-6 汤匙烹饪用植物油（或选择的烹饪脂肪）

对于浸：

- 2 汤匙蛋黄酱

- 2 汤匙番茄酱

- 特殊装备

- 2 个中型碗

- 大盘子或砧板（或任何干净的平面）

- 大号不粘锅

- 钳

- 盘子内衬纸巾

方向

a) 在一个碗中，将鸡蛋和牛奶混合在一起。在另一个碗中，将面粉与所有干调味料——辣椒粉和洋葱粉混合，搅拌均匀。

b) 将一片狮鬃菇浸入鸡蛋混合物中，然后将其浸入面粉混合物中。放在一个大盘子或砧板上。继续，直到几乎所有的蘑菇都被浸渍和疏浚。

c) 用中火预热一个大煎锅。在煎锅中加入 1-2 汤匙油，然后旋转。将挖出的蘑菇片放入煎锅中，注意不要挤满锅。将热量降低至低温并稍微倾斜平底锅以将油散布到周围。每边煮 3-4 分钟，注意不要烧焦蘑菇。

d) 小心地从煎锅中取出炸蘑菇，放在纸巾上吸去多余的油。

e) 用干净的纸巾擦拭煎锅（用钳子夹住纸巾，以免烫伤手！！），然后重复步骤 **3-4**，直到蘑菇全部煮熟。

f) 将番茄酱 **+** 蛋黄酱（或使用您最喜欢的蘸酱）混合在一起，趁热食用。

12.　　狮鬃火腿奶酪煎蛋卷

产量：1 个煎蛋卷

原料

● 鸡蛋，大 2 个（3.6 盎司）（102 克）

● 蘑菇，狮子鬃毛，切丁小 1/4 杯（0.6 盎司）（17 克）

● 火腿，熟食风格，薄片，小丁 1/3 杯（1 盎司）（28 克）

● 奶酪，Colby Jack，切碎。1/3 杯（1 盎司）（28 克）

路线：

a) 用中/低到中预热烤盘。

b) 收集所有原料。

c) 将蘑菇和火腿切丁。

d) 在一个小碗里，将鸡蛋搅打在一起。如果您想要松软的煎蛋卷，请加入约 1 汤匙牛奶，然后混合。

e) 在预热的干煎锅上，将蘑菇丁炒至金黄色。

f) 在蘑菇变褐时煮火腿丁。

g) 将蘑菇和火腿一起放在烤盘上。

h) 如果你有煎蛋圈，现在就可以使用了。

i) 将所需的薄层油脂放在烤盘上。我用过烹饪喷雾、黄油、培根油脂和橄榄油。只要确保把它摊开，它的大小足以让煎蛋卷煮熟。

j) 将打好的鸡蛋倒在抹了油的热烤盘上。鸡蛋应该在一个 6 英寸的圆圈里。如果鸡蛋开始在煎锅上流动，请使用抹刀将其恢复为圆形。

k) 当鸡蛋停止流动时，将煮熟的火腿和蘑菇放在上面，均匀地铺在圆圈周围。

l) 将煎蛋卷每面煎约 2 分钟。但烹饪时间会有所不同。您需要根据煎蛋的外观来烹制煎蛋，因为每个烤盘的温度都会有所不同。

m) 当火腿蘑菇煎蛋的一侧煮熟时，就该翻面了。用一把大抹刀，小心地把煎蛋卷翻过来。

n) 将一半切碎的奶酪加入一半煎蛋卷中。

o) 蘑菇、火腿和奶酪煎蛋卷煮熟后，将其翻转一半，使非奶酪面覆盖在融化的奶酪上。

p) 在上面放上剩余的切碎的奶酪，然后从煎锅中取出。

13.　　狮鬃"蟹"蛋糕

产量 6 份

原料:

- ⅓ 杯蛋黄酱

- 1 个大鸡蛋

- 2 汤匙第戎芥末

- 2 茶匙伍斯特沙司

- 2 杯脱水狮鬃菇块

- 1 个红甜椒,切丁

- 1 个葱,切片

- 2 瓣大蒜,切碎

- ½ 杯面粉或面包屑(可选无麸质)

- 柠檬汁,品尝

- 盐和黑胡椒调味

路线：

a) 在一个小碗中，将蛋黄酱、鸡蛋、芥末酱和伍斯特沙司搅拌在一起。

b) 在一个大碗中，加入狮鬃菇、甜椒、葱和大蒜。拌入面粉或面包屑、盐和胡椒粉。搅拌小碗的配料。

c) 使用混合物形成 6 个左右的馅饼。

d) 在一个大煎锅上涂上油，然后用中高火加热。加入蛋糕，煮至金黄酥脆，每面几分钟。

e) 当您享用这些带有柠檬汁或其他最喜欢的浇头的蛋糕时，享受 Lion's Mane 的健康益处。

14.　　　狮子鬃毛鱼片

原料:

- 1 磅 Lion's Mane 蘑菇，切成 $\frac{3}{4}$ 英寸的鱼片，挤出多余的水

- 1 汤匙酥油

- $\frac{1}{2}$ 杯干白葡萄酒（或用 2 汤匙干雪利酒代替）

- 1 个中等大小的葱，切碎（或用 3 瓣大蒜代替）

- 盐和黑胡椒调味

路线：

a) 用盐和胡椒调味狮子鬃毛片

b) 在大煎锅中用中高火加热酥油。

c) 添加 Lion's Mane 并用抹刀向下压以去除多余的水分。两面煎至焦黄嫩滑。

d) 将热量降至中低。加入葡萄酒或雪利酒和葱或大蒜，盖上盖子煮至大蒜变软。

e) 搭配您最喜欢的配菜，享受狮子鬃毛的健康益处，美味可口！

15.   Lion's Mane Clarity 拿铁咖啡

产量 1 份

原料:

- ½ 杯咖啡

- ½ 茶匙 Mushroom Revival Lion's Mane 酊剂

- ½ 杯自选牛奶

- 少许肉桂

- 少许豆蔻

路线:

a) 将配料添加到搅拌机中。

b) 高速搅拌直至起泡并彻底混合。

16.　　　狮鬃"龙虾"卷

原料:

- 2 个大鸡蛋

- 2 汤匙老湾调味料

- 1 茶匙芹菜盐

- 2 汤匙柠檬汁

- 1 磅 Lion's Mane 蘑菇,切成 $\frac{1}{4}$ 英寸的薄片

- 3 汤匙橄榄油或酥油

- $\frac{1}{2}$ 杯蛋黄酱

- $\frac{1}{2}$ 红洋葱,切丁

- $\frac{1}{4}$ 杯新鲜莳萝,切碎

- $\frac{1}{4}$ 杯新鲜欧芹,切碎

- $\frac{1}{2}$ 杯切细的芹菜

- 4 卷,三明治或法式(可选择搭配沙拉)

- 盐和胡椒

路线：

a) 在一个中等大小的碗里，打鸡蛋。加入老湾调味料、芹菜盐和柠檬汁搅拌。

b) 将蘑菇片加入鸡蛋混合物中，搅拌至吸收。

c) 在大平底锅中用中高温加热油或酥油。煮蘑菇片，每面煎约 2 分钟。取出蘑菇并用纸巾吸干水分。冷却后，用几把叉子或手指将蘑菇切碎。

d) 在一个中等大小的碗中，混合蛋黄酱、洋葱、莳萝、欧芹和芹菜。加入切碎的蘑菇并充分混合。添加额外的芹菜盐和/或柠檬汁调味。

e) 切开面包卷或准备一份沙拉来搭配狮鬃"龙虾"。享受！

17.　　狮鬃饼

产量 2 份

原料:

- 2 个大鸡蛋

- 1 1/2 杯杏仁奶

- 1 $\frac{1}{4}$ 杯面粉（替代无麸质食品）

- $\frac{1}{4}$ 杯融化的黄油

- 1 杯新鲜狮子鬃毛，切碎

- 浇头的选择

路线:

a) 在一个大碗里，将鸡蛋和牛奶搅拌在一起。

b) 加入面粉、黄油和蘑菇，搅拌至光滑。

c) 用中高温将黄油加入平底锅中，将 $\frac{1}{2}$ 杯混合物加入平底锅中，并在出现气泡时翻转。两面金黄时，加入浇头，开吃！

香菇

18.　　　土豆野蘑菇焗烤

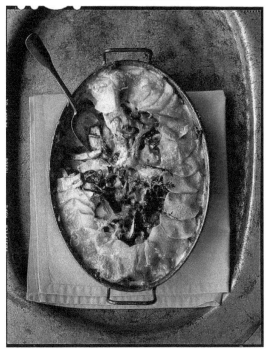

原料：

- 5 盎司。碎蓝纹奶酪
- 1.5 汤匙黄油
- 1.5 茶匙切碎的新鲜百里香
- 1 磅混合新鲜蘑菇
- 1 茶匙盐
- 2 $\frac{1}{2}$ 杯搅打奶油 $\frac{1}{2}$ 茶匙胡椒粉
- 2 磅。育空黄金土豆，去皮，切成薄片

路线：

a) 将烤架放在烤箱顶部 1/3 处并预热至 400o。黄油 13x9x2 英寸玻璃烤盘。将奶酪放入中型碗中；加入 $\frac{1}{2}$ 杯奶油。使用叉子，将混合物捣成糊状。混合 1 茶匙盐和 1//2 茶匙胡椒粉。

b) 混合剩余的 2 杯奶油。在大锅中用中高温融化黄油。加入蘑菇和香草，炒至蘑菇变软，液体煮熟，大约 8 分钟。

c) 将一半土豆放在准备好的盘子底部。用勺子均匀地浇上 $\frac{3}{4}$ 杯奶酪酱。在上面放上所有蘑菇混合物、$\frac{3}{4}$ 杯奶酪酱，然后加入剩余的土豆。在上面放上剩余的奶酪酱。

d) 用箔纸盖住盘子。烘烤焗烤 30 分钟，然后揭开并烘烤，直到土豆变软，顶部呈金黄色，酱汁变稠，再烤约 30 分钟。

e) 静置 10 分钟；服务热。

19.　　　匈牙利蘑菇汤

原料：

- 1 磅新鲜混合蘑菇
- 1 汤匙酱油
- 2 杯切碎的洋葱
- 1 茶匙盐
- 4 汤匙黄油
- 2 杯鸡肉、蔬菜高汤或水
- 3 汤匙面粉
- $\frac{1}{4}$ 杯切碎的新鲜欧芹
- 1 杯牛奶
- 2 茶匙新鲜柠檬汁
- 1-2 茶匙莳萝草新鲜黑胡椒粉或调味
- 1 汤匙匈牙利辣椒粉
- $\frac{1}{2}$ 杯酸奶油

路线：

a) 用 2 汤匙黄油、少许盐炒洋葱。几分钟后加入蘑菇 1 茶匙莳萝 ½ 杯高汤（或水）、酱油和辣椒粉。盖上锅盖炖 25 分钟。

b) 在大平底锅中融化剩余的黄油；加入面粉，一边搅拌一边煮（几分钟）。加牛奶；继续做饭，经常用小火搅拌，大约 10 分钟直到变稠。

c) 加入蘑菇混合物和剩余的汤料。盖上锅盖炖 10-15 分钟，上菜前加入盐、胡椒粉、柠檬汁、酸奶油，如果需要，还可以加入莳萝。

d) 上桌时饰以欧芹。

20.　　　酿蘑菇

原料：

- 1 磅散装香肠
- 1 磅新鲜香菇（一口大小）
- 2 瓣大蒜
- ½ 小黄洋葱，切碎
- 4 汤匙新鲜欧芹，切碎
- ½ 杯调味面包屑
- 1 茶匙干鼠尾草
- ½ 茶匙干鼠尾草
- 盐和胡椒粉调味
- ½ 杯帕玛森芝士

路线：

a) 将烤箱预热至 400o。从蘑菇上取下茎。切碎茎，在黄油中加入洋葱和大蒜炒至变软（约 4 分钟）。

b) 从锅中取出。将香肠炒至棕色，沥干水分。将香肠和蘑菇混合物放入食品加工机；添加剩余的成分，奶酪除外。

c) 脉冲直到混合物质地细腻，品尝以调整调味料。

d) 用香肠混合物填充每个剩余的蘑菇帽，然后在上面放上奶酪。将装满的瓶盖放在烤盘上，烘烤 15-20 分钟。直到蘑菇煮熟。

e) 香肠馅料最多可提前 2 周制作，无需蘑菇茎并冷冻。

21.　　鸡肉蘑菇法士达

原料：

- 8 盎司。奶油芝士，软化
- ½ 磅混合新鲜蘑菇（舞茸、香菇、牡蛎……）
- 1 茶匙法加它调味料
- 1 汤匙切碎的香菜
- ½ 茶匙大蒜粉
- 4 汤匙油
- 1 个小红洋葱，切成薄片
- 1 个青椒，切成薄片
- 1 个红甜椒，切成薄片
- ½ 茶匙盐
- 2 块去骨/去皮鸡胸肉，切成条状
- 4 个 8 英寸面粉玉米饼

路线:

a) 在一个小碗里,将奶油芝士、法加它调味料、香菜和大蒜粉搅拌在一起;搁置。在中高温的大煎锅中,加热 1 汤匙油;炒蘑菇直到变软,液体蒸发,3-4 分钟。刮入碗中备用。在同一个煎锅中,用中高温加热 2 汤匙油。

b) 加入洋葱、辣椒和盐,炒至脆嫩(约 4 分钟)。与蘑菇一起放入碗中。在煎锅中加热 1 汤匙油,加入鸡肉。用中高温煮至完全不透明,大约 2 分钟。与蔬菜一起搅拌并加热。

c) 将玉米饼放在微波盘上,用微波炉高火加热约 15 秒,直至变热。

d) 将奶油芝士混合物分成四份,涂在每个玉米饼上。用勺子将鸡肉/蔬菜混合物浇在奶油芝士上,卷起来上桌。制作 4 个法加它。

22.　　　大蘑菇汤

方向

- 6 汤匙无盐黄油
- 6 盎司。香菇，切片和茎修剪
- 1 茶匙盐
- 1 杯切碎的黄洋葱
- 6 盎司。平菇，切片
- 1.5 茶匙蒜末
- ½ 杯切碎的芹菜
- 8 盎司。其他蘑菇（舞茸、黑蘑菇……）
- 6 摄氏度 鸡肉/蔬菜汤
- ¼ 茶匙辣椒（红）辣椒
- ½ 茶匙黑胡椒
- 1/3 摄氏度 白兰地
- 2 茶匙新鲜百里香叶
- 1½ 摄氏度 重奶油

路线：

a) 在一个大锅里，用中高温融化黄油。加入洋葱、芹菜和辣椒，煮至变软，大约 4 分钟。加入大蒜，煮 30 秒。

b) 加入蘑菇、百里香、盐/胡椒粉，煮至蘑菇开始变成棕色，大约 7 分钟。加入白兰地，煮沸并煮至上釉，约 2 分钟。添加股票并返回沸腾。将火调至中低，不盖锅盖炖 15 分钟，偶尔搅拌。远离热源。

c) 加入奶油，返回文火煮 5 分钟。从火上移开并根据口味调整调味料。

23.　　　玉米香菇油条

服务：1

原料

- 3 个玉米穗

- 1 个大鸡蛋

- $\frac{1}{4}$ 杯牛奶

- 2 盎司。香菇

- $\frac{1}{4}$ 杯切碎的红洋葱

- $\frac{3}{4}$ 杯通用面粉

- 1 茶匙泡打粉

- 1.5 茶匙粗盐

- $\frac{1}{2}$ 茶匙胡椒粉

- $\frac{1}{2}$ 杯油

- 油煎炸

方向

a) 从玉米棒子上切下玉米粒。将一半加入食品加工机，另一半放在一边。用刀的钝头将玉米棒子上的果肉刮到搅拌机中。加入鸡蛋和牛奶，然后搅成糊状，直到形成光滑的面糊。

b) 在不粘锅中加热少许油，然后加入香菇和洋葱。煎至浅褐色，然后加入剩余的玉米，再煎一分钟。

c) 转移到盘子里，放入冰箱冷冻 5 分钟，直到不再热。

d) 在搅拌碗中，将通用面粉、发酵粉、盐和胡椒粉搅拌在一起。拌入果泥，然后拌入冷冻的玉米粒和香菇。

e) 清洁煎锅并加入 $\frac{1}{2}$ 杯油。热时，加入八勺面糊并摊开至 $\frac{1}{2}$ 英寸厚。将油条煎至底部金黄，然后翻转并在另一面再次煎炸。

f) 上菜前用纸巾吸干油条。

24.　　香菇烩饭

服务：4

原料:

- 4 杯蔬菜高汤

- 1 杯乔木/烩饭

- 2 杯香菇，切片

- 1 汤匙酱油

- 1 汤匙新鲜百里香，切碎

- 1 汤匙新鲜欧芹，切碎

- $\frac{1}{4}$ 杯十白葡萄酒（可选）

- $\frac{1}{2}$ 杯切成薄片的葱

- 纯素巴马干酪，服务

方向:

a) 在深煎锅或宽底平底锅中，用中火加热少量油。加入葱，然后用盐和胡椒调味。炒至焦黄，然后加入蘑菇和酱油。煮至香菇呈金黄色并焦糖化。

b) 从锅中取出一勺蘑菇，放在一边。

c) 加入百里香和欧芹，然后加入乔木米饭。煮 1 分钟，同时搅拌以防止米饭粘在一起。然后，加入干白葡萄酒并煮至大部分吸收。

d) 一次加入一勺蔬菜高汤，经常搅拌。当每个钢包都被吸收后，再添加一个。继续前进，直到乔木米饭煮得有嚼劲。

e) 从火上移开，搅拌纯素巴马干酪。

f) 用保留的焦糖蘑菇和一些额外的欧芹在碗和上面分开。服务。

25.　　烤香菇

服务：4

原料

- 4 盎司。香菇，去蒂，切片

- 12 盎司。芦笋，修剪

- 1 汤匙橄榄油

- 盐和胡椒粉调味

- 1.5 汤匙酱油

- ½ 汤匙干迷迭香

方向：

a) 将烤箱预热至 425°F。

b) 将所有成分添加到防烤箱的盘子或带衬里的烤盘中，搅拌以将蔬菜涂在油和调味料中。

c) 烘烤 10 分钟，直到蘑菇变软，芦笋变脆。

d) 蘸着吃。

26.   温暖的香菇大麦沙拉

服务：**4**

原料：

- $\frac{3}{4}$ 杯珍珠大麦

- $\frac{1}{4}$ 磅香菇，去蒂，切帽

- 1 个小葱，切丁

- 1 个红洋葱，减半

- 4 瓣大蒜，切碎

- 盐和胡椒粉调味

- 4 汤匙香脂釉

- 1 汤匙枫糖浆或蜂蜜

- 1 个大头生菜，撕裂

- $\frac{1}{4}$ 杯欧芹，切碎

- $\frac{1}{4}$ 杯莳萝小枝，切碎

方向:

a) 将大麦、红洋葱、大蒜和盐放入锅中。用水覆盖大约 2 英寸，然后用文火炖至谷物变软并吸收水分——大约 40 分钟。

b) 当大麦还有大约 10 分钟的时间时，制作香脆的蘑菇。在煎锅中加热少许油，加入蘑菇，煎约 10 分钟至金黄色。转移到装有厨房纸的盘子中沥干水分，然后撒上盐和胡椒粉。

c) 在同一个煎锅里，加入葱，煮至金黄。将煎锅从火上移开，然后加入香醋和枫糖浆搅拌。

d) 将生菜叶放入盘子或沙拉碗中。加入大麦和香醋酱，彻底搅拌。上面放上蘑菇、欧芹和莳萝。

e) 可热食或冷食。

27.　　　香脆耐嚼的芝麻香菇

服务：2

原料:

- 1 杯白米饭

- 2 杯干香菇

- $\frac{1}{4}$ 杯玉米淀粉，再加上额外的

- 芝麻油

- $\frac{1}{4}$ 杯酱油

- 2 汤匙红糖

- 2 汤匙米酒醋

- 2 瓣大蒜，切碎

- 1 块拇指大小的生姜，磨碎

- 2 茶匙辣酱

- 2 个小葱，切片

- 2 茶匙芝麻

方向:

a) 将蘑菇放入碗中，并用沸水覆盖。浸泡 40 分钟直至变软，然后沥干。用布从蘑菇中挤出多余的水分，注意不要压碎它们。然后，切成厚片，拌入玉米淀粉。

b) 冲洗大米，直到水变清为止。这样可以去除淀粉，使米饭变粘。根据包装说明烹制，然后蒸干。

c) 在炒锅或煎锅中用中高温加热少许芝麻油。闪闪发光时，加入蘑菇，炒至金黄色，没有玉米淀粉残留。

d) 同时，将酱油、红糖、米醋、大蒜、辣酱和姜放入碗中。一起搅拌，然后加入小平底锅中煮至变稠。

e) 将蘑菇加入酱汁中，搅拌均匀。

f) 把米饭分在碗里，上面放上蘑菇。加入芝麻和葱，然后上桌。

28.   橡子南瓜和野生蘑菇

产量：2 份

原料

- 1 个橡子南瓜；减半和播种

- $\frac{1}{2}$ 杯干蔓越莓或葡萄干

- $\frac{1}{4}$ 杯热水

- 4 汤匙黄油

- 4 盎司新鲜野生蘑菇（如香菇）；去梗切碎

- $\frac{1}{4}$ 杯切碎的洋葱

- 1 茶匙干鼠尾草

- 1 杯全麦面包屑

方向

a) 预热烤箱至 425#161#F。将南瓜切面朝下放入 8x8x2 英寸的玻璃烤盘中。用保鲜膜将盘子盖紧。微波炉高火 10 分钟。刺穿塑料让蒸汽逸出。

b) 揭开并将南瓜的两半切面朝上。用盐和胡椒调味蚝牙。将蔓越莓干和热水混合在小碗中。在重中型煎锅中用中火融化 3 汤匙黄油。加入蘑菇、洋葱和鼠尾草，

c) 炒至开始变软，大约 5 分钟。加入面包屑，搅拌至面包屑呈浅褐色，大约需要 3 分钟。

d) 将蔓越莓与浸泡液混合。用盐和胡椒调味。将土墩塞入南瓜的两半。点上剩余的黄油。烘烤至热透并在顶部变脆，大约 10 分钟。

29. 野生和异国蘑菇千层面

产量：9 份

原料

- 2 汤匙橄榄油

- 1 个大洋葱；剁碎

- 2 盎司帕尔玛火腿；切碎

- 2 汤匙葱末

- 2 汤匙蒜末

- ½ 杯切碎的欧芹

- 1 磅各种野生和异国蘑菇

- 2 汤匙切碎的罗勒

- 1 汤匙切碎的新鲜牛至

- ⅔ 一杯干白葡萄酒

- 1.5 磅罐装碎西红柿；到 2 磅

- 2 杯新鲜乳清干酪

- 1 个鸡蛋

- 2 杯磨碎的 Parmigiano-Reggiano 奶酪

- ½ 杯磨碎的马苏里拉奶酪

- 1 盐；去尝尝

- 1 个现磨黑胡椒粉

- 1 磅新鲜意大利面片切成千层面；旅行，
  漂白，

- ½ 杯浓奶油

- ¼ 杯牛奶

- 8 片干罗勒叶

方向

a) 将烤箱预热至 350 度。在 13 x 9 英寸的长方形烤盘上轻轻涂上一层油。在一个大炒锅中，加热橄榄油。

b) 当油热时，将洋葱和意大利熏火腿炒约 4 分钟，或直至洋葱枯萎并略微焦糖化。

c) 加入 ½ 杯欧芹、青葱和蘑菇。炒 10 分钟或直到蘑菇变成金黄色。用盐和胡椒调味。

d) 加入大蒜、罗勒和牛至。过滤蘑菇混合物并保留液体。将液体放回锅中并减少，直到液体形成釉状，大约 5 分钟。偶尔刮擦侧面以松动任何颗粒。

e) 添加葡萄酒并按照相同的过程进行。加入西红柿，继续煮 10 分钟。

f) 用盐和胡椒调味。将蘑菇混合物加入酱汁中。

g) 在搅拌碗中，混合意大利乳清干酪、鸡蛋、剩余的欧芹、$\frac{1}{2}$ 杯磨碎的帕马森奶酪和马苏里拉奶酪。

h) 用盐和胡椒调味。组装时，用勺子在烤盘底部倒入少量酱汁。撒上帕玛森芝士。在酱汁上放一层意大利面。将奶酪涂在意大利面上。

i) 将奶油与任何剩余的奶酪混合。

j) 用盐和胡椒调味。倒在千层面上。盖上烤宽面条。有盖烘烤 30 分钟，无盖烘烤 10 到 15 分钟，或者直到烤宽面条变成金黄色并凝固。

k) 从烤箱中取出烤宽面条，在切片前静置 10 分钟。将一部分千层面放在盘子中央。用磨碎的奶酪和炸罗勒叶装饰。

30. 烤鸭野蘑菇油炸玉米粉饼

产量：4 份

原料

- $\frac{1}{2}$ 杯烤鸭腿；肉从 2 条去皮鸭腿上取下骨头
- 1 杯新墨西哥烧烤酱
- $\frac{1}{2}$ 杯鸡汤
- $\frac{1}{2}$ 杯烤香菇盖，烤
- 3 个面粉（6 英寸）玉米饼
- $\frac{1}{4}$ 杯磨碎的蒙特雷千斤顶
- $\frac{1}{4}$ 杯磨碎的白切达干酪
- 盐和新鲜胡椒粉
- $\frac{1}{2}$ 杯香辣芒果沙司

方向

a) 将腿放入砂锅中，刷上酱汁。将高汤倒在腿上。盖上盖子并在 300 度下烘烤 3 小时，每 30 分钟涂上烧烤酱。放凉，取出鸭肉。

b) 准备木柴或木炭火，让它燃烧成余烬。

c) 将 2 个玉米饼放在工作台面上。分别撒上一半的奶酪、鸭肉和蘑菇，然后用盐和胡椒调味。堆叠 2 层，盖上剩余的玉米饼，刷上 1 汤匙油，并均匀撒上辣椒粉。可以提前准备好并冷藏。每边烤 3 分钟，或者直到玉米饼稍微变脆并且奶酪融化。

d) 切成四等分，趁热上桌，饰以莎莎酱。

31. 装满野蘑菇的面包卷

产量：4 份

原料

- 4 圆形优质白面包卷

- 2 个大蒜瓣，去皮并切半

- 50 毫升（2 盎司）橄榄油

- 200 克（7 盎司）野生蘑菇

- 25 克（1 盎司）无盐黄油

- 50 毫升（2 盎司）水与 1 1/2 茶匙柠檬汁混合

- 盐和现磨黑胡椒

- 1 茶匙新鲜山萝卜，切碎 [胡萝卜科药草]

- 几片龙蒿叶，在沸水中烫几秒钟，然后切碎

- 1 茶匙切碎的新鲜欧芹

- 50 毫升（2 盎司）搅打奶油，打发

方向

a) 将烤箱预热至 180'C / 350'F / 煤气 4. 取出每个面包卷，将顶部切下约三分之一。挖出柔软的内部。用大蒜擦拭空心的内部和"盖子"的顶部，然后在相同的表面上刷橄榄油。放入预热好的烤箱烘烤 10 分钟使其变干变脆。

b) 用黄油炒野生蘑菇 1 分钟。加入水和柠檬汁，让孩子继续煮一分钟。尝一尝，用盐和胡椒调味，然后备用。将切碎的香草加入生奶油中，然后用盐和胡椒调味并调味。

c) 就在上菜之前，将生奶油搅拌到蘑菇和蘑菇汁中。把蘑菇分成每个面包卷的空心，然后用勺子舀上酱汁。盖上"盖子"即可上桌。

32. 大比目鱼配野生蘑菇和菠菜

产量：4 份

原料

- $\frac{1}{4}$ 杯新鲜酸橙汁
- 1 汤匙低钠酱油
- 2 瓣大蒜；剁碎
- 2 茶匙花生油
- 2 茶匙鸡汤
- 1 茶匙葱；剁碎
- $\frac{1}{4}$ 茶匙红辣椒片
- 4 大比目鱼片；约 5 盎司。每个，1" 厚
- 1 杯您选择的野生蘑菇，切成块
- 2 汤匙鸡汤
- 1 汤匙红葱头；剁碎
- 2 瓣大蒜；剁碎
- 2 束菠菜；清洁和修剪
- 胡椒

方向

a) 将前 **7** 种大比目鱼原料混合在一个小碗中。将大比目鱼放入烤盘中。将腌料倒在比目鱼上，冷藏 **1** 小时。将高汤、葱和大蒜放入大而重的平底锅中用高温煮沸。加入菠菜；盖上锅盖煮至菠菜变软，大约 **2** 分钟。远离热源。用盐和胡椒调味。盖好并保暖。

b) 同时，预热肉鸡。将大比目鱼转移到烤盘中；储备腌料。烤大比目鱼，直到上面不透明，大约 **3** 分钟。

c) 将大比目鱼翻过来，将蘑菇放入烤盘中。继续烤，直到大比目鱼刚刚煮熟，蘑菇变软，大约 **3** 分钟。

d) 将保留的腌料放入沉重的小平底锅中煮沸。如有必要，将菠菜沥干，分成 **4** 个盘子。顶配大比目鱼。

e) 倒入腌料，饰以蘑菇即可上桌。

33.　　蘑菇野米奶油

产量：1份

原料

- 7 汤匙黄油（分开）；（7/8 棒）

- 4 汤匙通用面粉

- 1 杯热牛奶；（脱脂或 2%）

- 2 杯蔬菜高汤；（分为）

- ½ 杯洋葱片；（分为）

- ½ 茶匙辣椒粉

- ½ 茶匙肉豆蔻粉；（关于）（分）

- 3 杯蘑菇片；（分开）（切成薄片）

- 1 片月桂叶

- ¼ 杯切碎的芹菜

- 4 整个丁香

- 1 杯热煮野米饭；（遵循包装说明）

- 1 汤匙切碎的欧芹

- ¼ 杯干白葡萄酒

- 盐和胡椒; 去尝尝

方向

a) 在大平底锅中用小火融化 4 汤匙黄油。加入面粉煮 3 分钟，不断搅拌。慢慢加入热牛奶和 1 杯高汤。用小火煮酱汁，用木勺不断搅拌，直到光滑，大约 15 分钟。在另一个平底锅中，融化 1 汤匙剩余的黄油。加入 $\frac{1}{4}$ 杯洋葱、辣椒粉和 $\frac{1}{8}$ 茶匙肉豆蔻，煮 2 分钟。添加到第一个混合物中并搅拌结合。

b) 在同一个平底锅中，用剩下的 2 汤匙黄油炒 2 杯蘑菇片。加入月桂叶、剩余的 $\frac{1}{4}$ 杯洋葱片、切碎的芹菜、丁香和剩余的 1 杯高汤。盖上盖子，用中火煮 10 分钟。

c) 在搅拌机或食品加工机中将混合物搅拌至光滑，大约 1 分钟。

d) 用细筛过滤蘑菇/芹菜混合物，用漏勺过滤面粉/牛奶混合物。丢弃蔬菜块。

e) 将两种混合物放回大平底锅中并混合。用小火煮 5 分钟，搅拌直至混合物变得光滑。

f) 加入米饭、剩余的 1 杯蘑菇片、欧芹和葡萄酒。如果需要，加入盐和胡椒粉。取出月桂叶，根据需要撒上保留的肉豆蔻，即可食用。做 6 到 7 份。

34.　　　鸡汤、蘑菇和无酵饼球

产量：1 份

原料

- 1 汤匙植物油

- 1 只 3 磅重的鸡肉；切成块

- 2 个大洋葱；切成 1 英寸的碎片

- 12 杯水

- 3 根芹菜茎；切成 1 英寸的碎片

- 3 根新鲜欧芹小枝

- 2 月桂叶

- 1 盎司干香菇

- 2 杯热水

- ⅓ 杯鸡油；（库存或外购）

- 4 个大鸡蛋

- 2 汤匙切碎的新鲜细香葱

- 1.5 汤匙切碎的新鲜龙蒿或 1 1/2 茶匙干龙蒿；崩溃的

- 1½ 茶匙盐

- ¼ 茶匙胡椒粉

- 1 杯无盐无酵饼餐

- 3.5 夸脱水；（14 杯）

- 1 茶匙切碎的新鲜龙蒿或 1/4 茶匙干碎龙蒿

- 切碎的新鲜韭菜

- 8 份

方向

a) 对于汤：在大锅中用中高温加热油。加入鸡肉和洋葱，煮至棕色，经常搅拌，大约 15 分钟。加入 12 杯水、芹菜、欧芹和月桂叶。煮沸，撇去表面。减少热量并轻轻炖至减少至 8 杯，约 5 小时。滤入碗中。盖上盖子并冷藏，直到脂肪在上面凝固。

b) 去除汤中的脂肪并为未发酵面包球保留脂肪。

c) 对于 Matzo Balls：将香菇放入小碗中。倒入 2 杯热水。浸泡至软化，大约 30 分钟。

d) 熔化⅓杯鸡油凉。将融化的鸡肉脂肪、¼ 杯香菇浸泡液（保留剩余部分）、鸡蛋、2 汤匙细香葱、1½ 汤匙龙蒿、1½ 茶匙盐和 ¼ 茶匙胡椒粉放入中型碗中，搅拌均匀。拌入无酵饼粉。盖上盖子并冷藏 3 小时。（可提前 1 天准备。将蘑菇浸入浸泡液中并冷藏。）

e) 将 3 ½ 夸脱水倒入大锅中。大量撒盐并煮沸。用湿润的手，将冷的无酵饼粉混合物制成 1 英寸的球，然后加入沸水中。盖上盖子煮沸，直到 matzo 球煮熟变软，大约 40 分钟。（为了测试熟度，取出 1 个无酵饼球并切开。）使用漏勺将无酵饼球转移到盘子里。

f) 沥干蘑菇，保留液体。将蘑菇切成薄片，丢弃茎。将剩余的蘑菇浸泡液、蘑菇、鸡汤和 1 茶匙新鲜龙蒿放入厚重的大平底锅中，用文火慢炖。

g) 用盐和胡椒调味。加入无酵饼球并用文火煮至热透。将汤舀入碗中。用细香葱装饰并上菜。

35. 混合蘑菇 banh mi

使 2

原料

- 100 克香菇

- 50 克金针菇

- 50 克平菇

- 2 汤匙芝麻油

- 1 汤匙柠檬草，切碎

- 1 茶匙红辣椒，切碎

- ½ 茶匙盐

- 1 茶匙酱油

- 2 个法式长棍面包

- 1 汤匙花生酱

- 8 片黄瓜

- 6 小枝香菜，切碎

- 1 茶匙芝麻，烤

方向

a) 将香菇和平菇切片，然后将金针菇连根切掉。

b) 在煎锅或炒锅中，用中高温加热油，加入柠檬草和辣椒，然后搅拌几分钟，直到柠檬草略呈棕色并散发出香味。加入所有蘑菇并搅拌均匀，然后撒上盐。加入酱油并调整口味。

c) 组装 banh mi，把长棍面包纵向分开，去掉面包里的一些面团馅。再次关闭，在烤架下或烤箱中轻轻烘烤面包，使其内部温暖，外部酥脆。

d) 将花生酱涂抹在面包上，然后将蘑菇均匀地涂抹在法式长棍面包上。将黄瓜片放在上面，然后将香菜粗切碎并撒在上面。撒上芝麻，然后用小刀轻轻地将所有材料从边缘推开，合上即可食用。

36.　　　酿香菇

4 人份

原料

- 12 个中等大小的香菇，清洗干净，去掉茎

- 普通面粉，用于撒粉

- 300 克鸡肉碎

- 150 克虾肉碎

- 3 个葱，切碎

- 1 茶匙生姜，切碎

- 1 汤匙清酒（米酒）

- 1 汤匙酱油

- 橄榄油，用于煎炸

- 盐

对于酱

- 4 汤匙酱油

- 2 汤匙米林（甜米酒）

- 1 汤匙细砂糖

- 1 汤匙清酒

路线：

a) 在香菇的内部撒上面粉。混合鸡肉、虾、葱、姜、清酒、酱油和少许盐，然后用来填满每个蘑菇的空腔。

b) 用少许橄榄油在每一面轻轻煎炸 5 分钟，盖满。揭开并添加酱汁的配料。让它们加热并蒸发一点。

c) 每人三份，每份上少许酱汁。

金针菇

37.　　　金针菇炒

服务：2

原料

- 2x 燕窝米粉
- 2 茶匙味醂
- 1 汤匙芝麻油
- 1 根大胡萝卜，去皮成细条
- 1 个红甜椒，切碎
- 1 罐（7 盎司）竹笋
- 1 个红辣椒，切成薄片，去籽
- 6 个大葱，切成薄片
- 2 瓣大蒜，切碎
- 1 小块生姜，去皮并磨碎
- 2 汤匙米醋
- 1 汤匙糖
- 1 茶匙辣椒片
- 2 汤匙酱油
- 1 束金针菇
- 2 个大鸡蛋
- 2 茶匙芝麻

方向

a) 将去皮的胡萝卜放入碗中，加入 1 汤匙米醋、所有糖和辣椒片。用干净的手将醋揉成胡萝卜。放在一边做一个快速泡菜。

b) 根据包装说明煮好米粉窝，然后沥干水分并用漏勺蒸干。

c) 用中高火加热炒锅（如果没有的话，也可以用煎锅），然后加入芝麻油。旋转炒锅以覆盖底部和侧面。趁热加入灯笼椒、竹笋和腌胡萝卜。将蔬菜煮约 4 分钟，不断搅拌，直到蔬菜变软。

d) 加入金针菇、大蒜和生姜，再煮一分钟，直到大蒜散发出香味。加入面条，然后倒入剩下的米醋和所有酱油。将热量降低并折腾。

e) 同时，在一个大的不粘煎锅中加热少许温和的食用油，然后煎两个鸡蛋。完成您想要的质地后，将面条分装在碗中，并在上面各放一个鸡蛋。

f) 在上面撒上切好的洋葱和芝麻即可食用。如果你愿意，你也可以加一点酸橙汁。

38.　　　炒金针菇

服务：4

原料

- 8oz 金针菇
- 2 汤匙芝麻油
- 1 汤匙酱油
- 2 瓣大蒜，切碎
- 4 个大葱，去除白色部分，将绿色顶部切成薄片

方向

a) 取下金针菇茎的下端。冲洗干净并用厨房用纸拍干。

b) 在炒锅或炒锅中用中高温加热芝麻油。当油很热时加入蘑菇，炒约 1-2 分钟。每隔 10-20 秒将它们抛在空中一次，以翻转并在所有面上进行烹饪。

c) 关小火，加入大蒜，再煮 30 秒。

d) 加入酱油，将锅从火上移开。立即上桌，上面放上切好的洋葱。

39.　　金针菇汤

服务：2

原料

- ½ 磅金针菇，去根
- 3 瓣大蒜，切碎
- 2 汤匙番茄酱
- 2 汤匙味噌
- 1 个泰国辣椒，切成薄片
- 1 汤匙芝麻油
- ½ 杯蔬菜汤
- ·束新鲜香菜，大致切碎

方向

a) 首先，在锅中用中高温加热芝麻油。加入蒜末，轻轻炒香；小心不要烧掉它。

b) 加入番茄酱搅拌，直到底部的油开始变红。然后，倒入蔬菜汤。加入红味噌酱并搅拌混合。

c) 撒上金针菇，煮 1-2 分钟直至变软。

d) 用勺子把汤分成碗。上面撒上香菜和几片辣椒。可选地，再加一点芝麻油。

40.　　　金针菇马萨拉

服务：4

原料

- 1 磅金针菇（大约 4 簇）
- 1 个青椒，切丁
- 1 个大洋葱，切丁
- 4 瓣大蒜，切碎
- 1 英寸姜块，磨碎
- 1 个辣椒，切成薄片
- 1 罐切碎的西红柿
- 1 茶匙糖
- 1 汤匙黄油或酥油
- 新鲜香菜，大致切碎

对于咖喱粉

- 1 茶匙孜然种子
- 1 茶匙香菜种子
- 3 个豆蔻荚
- 1 英寸肉桂棒
- $\frac{1}{2}$ 茶匙黑胡椒粒
- 1 茶匙辣椒粉
- 1 茶匙姜黄粉

方向

a) 制作咖喱粉时，将小茴香籽、香菜籽、小豆蔻荚、肉桂棒和胡椒粒放入干燥的煎锅中，用中低火加热。轻轻烤至香，但不要让它们燃烧，否则会变苦。香气四溢时，转移到食品加工机或研杵和研钵中，压碎/快速粉碎成细粉。然后，加入辣椒和姜黄。

b) 根据包装说明准备您使用的任何大米。

c) 用中火加热平底锅，加入黄油或酥油。融化后，加入洋葱丁。煮至变软并散发出香味，最好加少许盐。然后，加入大蒜、生姜和甜椒，再炒一分钟。

d) 倒入香料粉，再煎一分钟。如果它粘在底部，加一点水。

e) 加入切碎的西红柿罐头，然后将罐头装满一半水，然后放入锅中。加入糖和蘑菇，然后煮沸，转为文火，煮 30 分钟或直到酱汁变稠。

f) 在米饭上上桌，在咖喱上撒上新鲜的香菜。

41. 金针菇豆腐

服务：3

原料

- 17 盎司（500 克）硬豆腐块，压榨
- 5 盎司。金针菇
- 2 个大葱，切片，白色和绿色分开
- $\frac{1}{4}$ 杯酱油
- 1 汤匙味酥
- 2 汤匙米醋
- 2 汤匙芝麻油
- 1.5 汤匙辣椒酱
- 2 瓣大蒜，切碎
- 1 汤匙糖
- 1.5 杯煮熟的米饭
- 1 汤匙芝麻

方向

a) 在一个碗里，将葱的白色部分与酱油、味淋、芝麻油、米醋、辣椒酱、大蒜和糖混合。也倒入 $\frac{1}{2}$ 杯水，搅拌均匀，直到辣椒酱溶解。

b) 将豆腐切成 $\frac{1}{2}$ 英寸厚的块。正方形或长方形都可以。

c) 用中火加热厚底不粘煎锅，用中火加热，并在锅底涂上植物油。热的时候，加入豆腐。将豆腐片每面煎约 5 分钟，直至呈金黄色。您可能需要分批工作。

d) 将金针菇放入锅中。保持中高火，倒入酱汁。当它沸腾时，减少热量。

e) 用勺子把酱汁舀到豆腐上。再煮 5 分钟以吸收酱汁，直到蘑菇煮熟。

f) 放在米饭上，上面放上洋葱的绿色部分和芝麻。为了额外的刺激，添加一些自制泡菜。

42.　　　金针汤

产量：4 份

成分

- 4 杯低钠牛肉汤

- 1 根小胡萝卜，切成薄片

- 1 芹菜的内茎，

- 切碎的

- $\frac{1}{2}$ 小湾休假

- 1 茶匙干薄荷

- 1 汤匙糖

- 2 杯红酒

- 1 夸脱非常熟的草莓

- 去壳的

- 16 个金针菇，修剪和清洗

路线：

a) 在平底锅中，混合前七种成分。煮沸，然后
用小火慢炖 **20** 分钟。冷却并过滤原料，丢
弃蔬菜。在食品加工机中，混合草莓和一杯
高汤。菜泥。

b) 将果泥与剩余原料混合。冷却两个小时。在
每个碗中漂浮四个蘑菇。

43.　　　金针菇鱼汤

产量：10 份

成分

- 4 磅白鱼头和骨头

- 如鞋底；比目鱼、鲷鱼或鲈鱼

- 1 个中等大小的洋葱；切成块

- $\frac{1}{2}$ 头茴香；切成块

- 2 根胡萝卜；切成块

- 2 根芹菜茎；切成块

- 2 汤匙无盐黄油

- 10 根新鲜的柠檬草茎

- 1 杯清酒

- 1 块姜 -（1 英寸）；去皮，切片

- 薄薄地

- 5 枝平叶欧芹

- 5 枝新鲜香菜

- 额外的香菜叶；装饰用

- 10 粒全黑胡椒粒

- $1\frac{3}{4}$ 磅帝王蟹腿；炮弹被移除，

- 切成 1/2" 块

- 7 盎司金针菇；

- 包括瓶盖

- 盐; 去尝尝

路线:

a) 将洋葱、茴香、胡萝卜和芹菜放入食品加工机中；脉冲直到中等精细。用中火在 12 夸脱的汤锅中融化黄油。加入加工过的蔬菜，煮 8 到 10 分钟，偶尔搅拌，直到变软。

b) 将 6 根柠檬草茎纵向切成两半；搁置。去除并丢弃剩余 4 根茎的坚硬外层；横向切成很薄的片，放在一边。将鱼头和鱼骨加入汤锅；将热量提高到中高。

c) 煮 3 到 5 分钟，偶尔搅拌。加入清酒、生姜、保留的柠檬草茎、欧芹、香菜、花椒和 $2\frac{1}{2}$ 夸脱水。

d) 把火调小，撇去浮到表面的泡沫，然后用文火炖 25 分钟。

e) 远离热源；静置 10 分钟。倒入衬有双层湿粗棉布的过滤器；丢弃固体。脱脂。加入蟹肉、保留的香茅片和蘑菇；用盐调味。

f) 将汤恢复到中火，然后炖 10 分钟。将汤倒入 12 个非常小的容器中，例如清酒杯。用香菜叶装饰每个，然后上菜。必要时重新装满。服务 10 到 12。

平菇

44.　　　牡蛎蘑菇浸

原料

- 1 磅新鲜平菇，手切丝
- 2 汤匙黄油
- 1/2 茶匙切碎的红洋葱
- dash Crystal 辣酱
- 粗磨黑胡椒粉
- 1/4 茶匙肉豆蔻
- 1/4 杯酸奶油
- 3 盎司奶油芝士，软的
- 1 茶匙柠檬汁
- 2 汤匙牛奶

路线：

a) 用黄油炒蘑菇一分钟。

b) 加入洋葱、辣椒酱、胡椒粉和肉豆蔻。

c) 用叉子在碗里捣碎奶油芝士；加入酸奶油、柠檬汁和牛奶。

d) 加入蘑菇混合物；拌匀。

e) 与薯片、饼干或蔬菜蘸酱一起食用。

f) 制作 1 杯。

45.　　芝麻菜沙拉和牡蛎蘑菇

服务 4 - 6

原料:

- 3 汤匙特级初榨橄榄油
- 1/2 磅平菇，厚片
- 盐和新鲜胡椒粉
- 2 汤匙香醋
- 1/2 茶匙精细磨碎的柠檬皮
- 2 根内芹菜排骨，切成火柴棍，加上切成丝的芹菜叶，用于装饰
- 5 杯小芝麻菜
- 3 盎司 Pecorino Romano 或其他锋利的奶酪，用蔬菜削皮器削去
- 3 盎司切成薄片的帕尔马火腿

路线：

a) 在一个大的不粘锅中，加热 1 汤匙橄榄油。加入蘑菇，用盐和胡椒调味。

b) 用适度高温烹饪，偶尔搅拌，直到变软并呈浅褐色，大约 6 分钟。将蘑菇转移到碗中冷却。

c) 在一个大碗中，用柠檬皮和剩余的 2 汤匙橄榄油搅拌醋。用盐和胡椒调味。加入芹菜火柴、芝麻菜和蘑菇，轻轻搅拌。

d) 将沙拉转移到一个大盘子或碗中，在上面放上 Pecorino Romano、火腿和芹菜叶。马上上桌。

46.　　意大利面配蘑菇和 Gremolata

原料

- 2 个饱满的蒜瓣，切碎
- 1/2 杯切碎的平叶欧芹
- 1 汤匙切碎的柠檬皮屑
- 2 汤匙特级初榨橄榄油
- 1 磅新鲜平菇，修剪
- 盐的味道
- 2 汤匙干白葡萄酒
- 现磨黑胡椒
- 12 盎司意大利细面条或法法勒
- 1/4 到 1/2 杯意大利面煮水，品尝
- 1/4 到 1/2 杯新鲜磨碎的巴马干酪

路线：

a) 制作 Gremolata 时，将切碎的大蒜、欧芹和柠檬皮放入土堆中，然后一起切碎。搁置。

b) 开始为意大利面加热一大锅水。同时，用中高温加热一个又大又重的平底锅或炒锅。加入 1 汤匙橄榄油，当它变热时，加入蘑菇。

c) 将蘑菇烧焦，用木勺搅拌或在锅中翻动，直到它们变成浅褐色并开始出汗。加入盐和白葡萄酒，继续煮，在锅中搅拌或翻动蘑菇，直到酒几乎蒸发，蘑菇上釉，大约 5 分钟。

d) 加入剩余的一汤匙油和 Gremolata 和胡椒粉。煮，搅拌，直到香，大约 1 分钟。品尝并调整盐。煮意大利面时让混合物保持温暖。

e) 当水沸腾时，加入大量盐并加入意大利面。按照包装上的时间说明烹制有嚼劲的食物。在沥干水分之前，取出 1/2 杯煮意大利面的水。将 1/4 杯加入蘑菇中，搅拌均匀。

f) 把意大利面沥干，然后在一个大的意大利面碗或平底锅里和蘑菇一起搅拌。如果看起来很干，加入 2 到 4 汤匙预留的烹饪水。如果需要，可与帕玛森芝士一起食用。

47.　　　西兰花蘑菇混合泳

产量：6 份

原料

- 1-1/2 磅的新鲜西兰花，切成小朵
- 1 茶匙柠檬汁
- 1 茶匙盐，可选择的
- 1 茶匙糖
- 1 茶匙玉米淀粉
- 1/4 茶匙肉豆蔻粉
- 1 磅新鲜平菇，手切丝
- 1 个中等大小的洋葱，切成圆环
- 1 到 2 瓣大蒜，切碎
- 3 汤匙橄榄油

路线：

a) 将西兰花蒸 1-2 分钟或直至脆嫩。

b) 用冷水冲洗并放在一边。

c) 在碗中混合柠檬汁、盐（如果需要）、糖、玉米淀粉和肉豆蔻；搁置。

d) 在大平底锅或炒锅中用高温将蘑菇、洋葱和大蒜放入油中炒 3 分钟。加入西兰花和柠檬汁混合物；翻炒 1-2 分钟。立即服务。

48. 绿色甘甘内利配平菇

产量：1 份

原料：

- 新鲜的绿色意大利面，在机器上卷成最薄的设置

- 4 汤匙初榨橄榄油

- 1 个中号红洋葱，1/8" 骰子

- 3 汤匙新鲜迷迭香叶，切碎

- 1 磅新鲜平菇，1/2 英寸块

- ½ 杯 白葡萄酒

- ½ 杯基本番茄酱

路线：

a) 将 6 夸脱的水煮沸并加入 2 汤匙盐。

b) 将意大利面切成 2 英寸的正方形，然后将它们缠绕在铅笔上，形成尖头的羽毛笔。搁置。

c) 在 12 到 14 英寸的炒锅中，将油加热至冒烟。加入洋葱和迷迭香，煮约 6 至 7 分钟，直至变软并散发出香味。

d) 加入蘑菇，煮至枯萎，3 至 4 分钟。加入白葡萄酒和番茄酱，煮沸。小火慢炖 5 到 6 分钟。

e) 同时，将意大利面放入水中煮 8 至 11 分钟直至变软。沥干意大利面，加入蘑菇锅。扔到外套上，立即上桌。

49.   香草蒸平菇

产量：4 份

原料:

- 1 磅平菇

- $\frac{1}{4}$ 杯橄榄油

- 1 盐；去尝尝

- 1 个现磨黑胡椒粉；去尝尝

- 5 小枝百里香

- 5 枝迷迭香

- 5 枝鼠尾草

- 5 小枝欧芹

- 10 整瓣大蒜

- 2 杯白葡萄酒

- 4 杯菊苣叶

- 香草油醋汁

路线:

a) 在碗中将蘑菇与油、盐和胡椒一起搅拌。

b) 用刀背轻轻捣碎香草，然后将它们放入深炒锅的底部。用刀刃将大蒜捣碎，放在香草周围。将酒倒在香草和大蒜上。将蒸锅放入深炒锅中。

c) 在蒸锅底部填满一层均匀的蘑菇。

d) 用箔纸紧紧地盖住整个锅。置于中火上蒸 10 分钟。将菊苣杯放在盘子上。

e) 小心取出蘑菇，放入菊苣杯中。淋上香草调味汁即可上桌。

50.　　　扁面条配平菇酱

产量：4 份

原料：

- 2 杯平菇；（约 1/4 磅）

- 1 汤匙橄榄油

- 1 瓣大蒜；剁碎

- $\frac{1}{2}$ 茶匙 盐

- 1 破折号新鲜磨碎的肉豆蔻

- $\frac{1}{2}$ 杯蔬菜汤

- $\frac{1}{2}$ 杯番茄酱

- $\frac{1}{2}$ 杯低脂牛奶

- 2 汤匙切碎的新鲜欧芹

- $\frac{3}{4}$ 磅扁面条

- $\frac{1}{4}$ 杯新鲜磨碎的帕玛森芝士；（选修的）

路线：

a) 您可以使用普通蘑菇或其他品种，具体取决于您的冒险精神。然而，平菇的味道非常特别。

b) 蘑菇切丁。在一个大的不粘锅中用中高温加热油。加入蘑菇煮 4 到 5 分钟，偶尔搅拌。加入大蒜、盐和肉豆蔻，边搅拌边煮 1 分钟。

c) 加入肉汤、番茄酱和牛奶，煮沸。关小火，盖上锅盖炖 10 分钟，或直到蘑菇变软。拌入欧芹，熄火。

d) 煮蘑菇时，将一大锅水烧开。将扁面条煮至变软，大约需要 9 到 11 分钟。流走。

e) 将扁面条放入温热的碗中，淋上蘑菇酱。如果需要，添加磨碎的帕尔马干酪。

f) 平菇的味道、颜色和质地都让人联想到海鲜。

g) 这些蘑菇切成丁，制成的酱汁在外观上类似于蛤蜊酱。有时那些刚接触素食的人喜欢吃看起来很熟悉的菜肴。

51. 牡蛎蘑菇浓汤

产量：6 份

原料:

- 1 夸脱生蚝

- 1 杯牡蛎酒

- 3 汤匙黄油

- 1 汤匙面粉

- 1 杯牛奶

- ½ 杯奶油

- 2 汤匙青葱，切碎

- 盐和胡椒

- ½ 磅 蘑菇

- 2 茶匙欧芹，切碎

路线:

a) 用小火在酒中加热牡蛎，直到边缘卷曲。沥干，省酒。

b) 融化 1 汤匙黄油，加入面粉，逐渐加入牛奶，不断搅拌。煮沸并煮 1 分钟。

c) 加入奶油、青葱、欧芹、盐和胡椒粉。在剩余的黄油中加热蘑菇，直到加热但不变成棕色。

d) 将蘑菇、牡蛎和牡蛎酒混合成奶油酱。立即服务。

52.　　　平菇配扁面条

产量：1份

原料：

- 1 个小洋葱；切丁

- 1 瓣大蒜；剁碎

- 50 克新鲜芝麻菜

- 200 克平菇

- 100 毫升蔬菜高汤 - 双倍浓度

- 2 杯白葡萄酒

- 橄榄油

- 100 克蘑菇；切丁

- 100 克 Linguini 意大利面

- 2 汤匙白兰地

- 盐和黑胡椒粉

- 150 毫升大豆

路线：

a) 要制作白葡萄酒酱，请用橄榄油炒洋葱。加入大蒜，1 分钟后加入切碎的蘑菇。煮 4 分钟，直到不再产生液体。加入白兰地并将其点燃。加入高汤和酒，然后减少。

b) 在另一个平底锅中，用橄榄油炒平菇 4 分钟。将盐水煮沸，然后煮扁面条。在烹饪的最后一分钟加入火箭叶。将 Soya Dream 添加到酱汁中并加热。

c) 沥干意大利细面条，加入少许橄榄油，磨碎胡椒粉，装盘。在盘子里，将平菇放入一池白葡萄酒酱汁中。

53.　　辣椒腌平菇

产量：1份

原料：

- 6 瓣大蒜

- 300 毫升南澳大利亚特级初榨橄榄油

- 4 盘平菇

- 2 条小辣椒；切得很细

- 4 个大甜红辣椒；播种和精细

- ½ 茶匙海盐

- ½ 茶匙粗碎黑胡椒

- 300 毫升香醋

- 用少许橄榄油将大蒜炒至金黄色。

路线:

a) 把它从锅里拿出来,用纸巾吸干水分。

b) 添加剩余的油并将热量调到最高点。当天气很热时,加入所有蘑菇并煮熟,轻轻但不断地搅拌,直到它们变成金黄色。

c) 加入切碎的辣椒和辣椒丝、盐和胡椒粉,再煮一分钟,然后站在后面,因为它有时会点燃,加入醋。

d) 搅拌并从火上移开,加入大蒜。

54.   炒平菇

产量：4 份

原料：

- 8 盎司新鲜平菇

- 1 汤匙大蒜，切碎

- 2 茶匙橄榄油

- 1 茶匙迷迭香，切碎

- 1 茶匙人造黄油，可选择的

- 2 茶匙通用面粉

- 1 茶匙雪利酒

- 1 汤匙塔玛利

路线:

a) 轻轻冲洗并拍干蘑菇。修剪成统一的尺寸并放在一边。

b) 用中火在油中炒大蒜 15 到 20 秒。加入蘑菇，炒 3 分钟。

c) 加入迷迭香和人造黄油，煮至人造黄油融化，大约 30 秒。撒上面粉煮熟，不断搅拌。

d) 添加剩余的成分并搅拌直到液体稍微变稠并且蘑菇变软。大约 4 分钟。

55.   烤海扇贝和平菇

产量：1份

原料：

- ¼ 杯青葱；细丁

- ½ 汤匙 蒜末

- ¼ 杯姜末

- ½ 汤匙 泰国智利蒜酱

- 1 杯香醋

- ¾ 杯酱油

- 1½ 杯橄榄油

- ½ 杯豆油

- 1磅平菇；停止

- 1磅嫩菠菜

- ½ 杯姜末

- 1汤匙蒜末

- 2.5 汤匙柚子

- 3 盎司柚子汁

- $\frac{1}{4}$ 杯酱油

- $\frac{1}{2}$ 杯米醋

- 2 汤匙米醋

- 2 汤匙白葡萄酒醋

- $\frac{3}{4}$ 杯葡萄籽油

- 30 10 扇贝

- 6 盎司甜黄油

路线：

a) 将青葱、大蒜、生姜、智利蒜酱、香醋和酱油一起放入碗中搅拌。慢慢加入橄榄油，但不要乳化。

b) 嫩菠菜和牡蛎蘑菇沙拉：用高温加热重型煎锅，直到冒烟。

c) 先加入豆油，再加入平菇，翻炒约 2 分钟或至金黄色。

d) 将蘑菇从煎锅中取出放到平底锅上，然后铺成一层。

e) 在蘑菇上淋上大约 $\frac{1}{2}$ 杯大豆香醋，腌制 15 分钟（可提前 6 小时完成）。

f) 放在一边，稍后与嫩菠菜和额外的香醋一起搅拌。

g) 柑橘辣椒酱：将生姜、大蒜、柚子酱、柚子、大豆、米醋和白葡萄酒醋放入搅拌机中，打开中速，慢慢淋上葡萄籽油。香醋应该被乳化。

h) 用高温加热重型煎锅。

i) 在扇贝两面撒上盐和胡椒调味，刷上软化的黄油。

j) 将扇贝放入热锅中，煎至两面呈金黄色，每面煎约 1.5 至 2 分钟），三分熟即可食用。

k) 将嫩菠菜、蘑菇和大豆香醋搅拌均匀，最后调整调味料，将沙拉放在盘子中间。

l) 将扇贝水平切开并排列在沙拉周围。

m) 在扇贝上淋上适量的柑橘辣椒油醋汁

56.　　　鳟鱼配香菇和平菇

产量：1份

原料:

- 1 400 克；（14 盎司）整条鳟鱼

- 200 克新鲜平菇；（7 盎司）

- 200 克新鲜香菇；（7 盎司）

- 120 克黄油；（4 1/4 盎司）

- 新鲜百里香

- 3 头新鲜大蒜

- 2 个柠檬

- 切碎的新鲜平叶欧芹

- 盐和胡椒

路线:

a) 将一半的大蒜去皮，每次在沸水中焯两次约 3 分钟。将蘑菇和大蒜放入耐热盘中并调味。

b) 在上面加入新鲜百里香和一半黄油。放入预热烤箱 200°C/400°F/气体标记 6 约 20 分钟。

c) 烹饪时准备鳟鱼并在鱼皮上划痕，然后放在另一个可用于烤箱的盘子上。加入剩余的黄油、百里香、柠檬和大蒜，调味。

d) 放入烤箱，与蘑菇在同一个烤箱中烘烤。在烹饪过程中将两道菜涂上糊状物，从烤箱中取出，将切碎的欧芹加入蘑菇中即可食用。

57.　　　树蚝菇姜汤

产量：6 份

原料：

- 6 杯鸡汤；低脂肪、低钠

- 1 茶匙芝麻油

- 1 杯新鲜平菇；或香菇

- 1 杯切片白蘑菇

- 2 瓣大蒜，剁碎

- 2 汤匙切碎的葱

- 1 汤匙姜末

- 新鲜的白胡椒粉

路线：

a) 在汤锅中用高温加热 $\frac{1}{2}$ 杯肉汤和油。加入两种蘑菇，炒 5 分钟。

b) 加入大蒜，炒 1 分钟。

c) 加入葱、剩余的肉汤和生姜。炖 15 分钟。

d) 撒上新鲜的白胡椒粉即可食用。

58.   西洋菜平菇汤

产量：1份

原料：

- 1 个中等大小的洋葱

- 30 克无盐黄油

- 250 克平菇

- 420 毫升蔬菜高汤

- 2 束西洋菜

- 2 汤匙马德拉

- 420 毫升双层奶油

- 盐和黑胡椒粉

原料：

a) 洋葱去皮切碎。在大平底锅中融化一半黄油，加入洋葱，炒至变软。蘑菇切碎。在锅中加入一半洋葱，煮至变软。将高汤倒入平底锅中煮沸。

b) 清洗并修剪西洋菜。留几片叶子做装饰。将西洋菜放入沸腾的高汤中，静置约 30 秒，直至呈翠绿色。把锅从火上移开。

c) 立即在搅拌机或食品加工机中将汤制成浓汤，使其呈现鲜绿色。冲洗锅。将汤倒回锅中，过筛。

d) 在小平底锅中融化剩余的黄油，然后煎炸剩余的切碎的蘑菇。

e) 将马德拉酒加入锅中，浓缩至蒸发液体。加入奶油并煮沸。再次减少使奶油变稠并略微焦糖化，带来坚果味。

f) 将焦糖奶油搅拌成西洋菜泥，然后轻轻加热。用盐和胡椒调味。上菜前用保留的西洋菜叶装饰。

瑞士褐蘑菇

59.　　蘑菇花椰菜煎饼

4 人份

原料：

- 500 克小包冷冻鸟眼花椰菜素饭
- 3 个鸡蛋，轻轻打
- 1 杯磨碎的美味奶酪
- 2 汤匙自发面粉
- ½ 茶匙辣椒粉
- ½ 茶匙干牛至
- 3 汤匙特级初榨橄榄油
- 200 克瑞士褐蘑菇，切片
- 早餐边，选择例如
- 西红柿或枯萎的菠菜。

路线：

a) 在冰箱中解冻鸟眼花椰菜素食米饭。解冻后，用棉布或细筛从花椰菜米饭中挤出多余的水分。

b) 在一个中等大小的碗中，混合花椰菜米饭、鸡蛋、奶酪、面粉、辣椒粉和牛至。调味。将混合物制成 4 × 10 厘米的肉饼。

c) 在不粘锅中用中高温加热 1 汤匙油。一次煮一个煎饼。将四分之一的混合物倒入平底锅

中，用抹刀压平至 10 厘米和 1 厘米厚。两
面煎 2-3 分钟，直至呈金黄色。

d) 如果需要，在煎饼之间向煎锅中添加更多的
油。从平底锅中取出煎饼，放在吸水纸上并
保温。

e) 将煎锅擦干净，加热剩余的油并加入蘑菇。
定期搅拌 4-5 分钟，直至呈金黄色。将蘑菇
与花椰菜煎饼和精选的早餐配菜一起食用。

60.　　素饭蘑菇滋养碗

4 人份

原料：

- 2 汤匙特级初榨橄榄油
- 200 克瑞士棕色蘑菇，减半
- 1 汤匙减盐酱油
- 500 克小包冷冻鸟眼胡萝卜花椰菜西兰花素食米饭
- 1 杯嫩菠菜叶
- 1 个鳄梨，切片
- 2 杯切碎的紫甘蓝 烤芝麻酱，上菜用

路线：

a) 在不粘锅中用中高温加热 1 汤匙油。加入蘑菇煮熟，定期搅拌 4-5 分钟或直至呈金黄色。加入酱油并搅拌均匀。从锅中取出，放在一边并保持温暖。

b) 将剩余的油加入同一个煎锅中。加入冷冻鸟眼素米饭，煮 6 分钟，定期搅拌。

c) 搅拌菠菜，继续煮 2 分钟。

d) 将煮熟的蔬菜米饭、蘑菇、鳄梨和卷心菜盛入碗中。淋在敷料上，立即上桌。

羊肚菌

61. 三文鱼和羊肚菌

原料：

- 3 杯羊肚菌，纵向切片

- 4 条大鲑鱼鱼片（份量大小，8 盎司左右）

- 3 汤匙黄油

- 3 瓣大蒜，切碎

- 1 杯白葡萄酒

- 2 汤匙柠檬汁

- 盐和胡椒粉调味

路线：

a) 在大平底锅中用中火融化黄油。加入大蒜，煮一分钟。接下来加入羊肚菌并煮至它们刚开始变褐。

b) 倒入酒煮至几乎蒸发，经常搅拌。完成后将蘑菇转移到碗中。

c) 我们将烤鱼以快速简便地烹饪。将带皮的鱼片面朝下放入烤盘中，撒上柠檬汁。如果你喜欢，你可以在每个上面加一点黄油。

d) 烤，不要转动，直到煮熟。6 分钟后检查它们，但您可能需要走更长的时间。

e) 完成后，将鱼从肉鸡中取出并加入所需的盐和胡椒粉。用勺子把羊肚菌均匀地浇在每块鱼片上。

f) 用葡萄酒招待朋友，让他们知道你是多么了不起的厨师。

62.　　自制奶油蘑菇汤

原料：

- 1 磅新鲜羊肚菌，切碎

- 2 汤匙黄油

- 1 杯汤

- 1 杯浓奶油

- 1 杯白葡萄酒

- 2 杯水

- 1 根韭菜，切碎，仅使用白色部分

- 3 个土豆

- 盐和胡椒粉调味

路线：

a) 将水加入汤锅中，小火煮沸。一旦沸腾，把土豆扔进去，让它们煮到很软。这通常需要大约 20 到 30 分钟。

b) 在大平底锅中用中火融化黄油。加入羊肚菌和韭菜，煮至羊肚菌刚刚开始变褐。

c) 倒入酒并煮至几乎完全蒸发。然后加入你的股票，经常搅拌。如果土豆还没熟，就关火。

d) 当土豆变软时，先让水稍微冷却，然后再将混合物放入搅拌机中。搅拌至光滑，然后放回锅中，加入水。

e) 将羊肚菌和韭葱的混合物加入土豆中，用文火慢炖。煮几分钟，直到它被加热。

f) 加入奶油、盐和胡椒粉并搅拌，直到汤变热并变稠到您喜欢的程度。

63.   羊肚菌意大利面

原料：

- 1/2 磅羊肚菌

- 3 汤匙黄油

- 3 瓣大蒜，切碎

- 1 个小洋葱，切碎

- 1 杯切碎的奶酪

- 8 盎司。鸡蛋面

路线：

a) 将水煮沸，将意大利面煮至您想要的软度。我更喜欢我的 al dente。

b) 在煮意大利面时，在平底锅中用中火融化黄油。加入大蒜、洋葱和羊肚菌。煮至蘑菇排出大部分液体并略微变成褐色。

c) 平底锅会很拥挤，所以要经常搅拌。如果蘑菇/洋葱混合物在意大利面之前完成，请将热量调低。

d) 煮蘑菇时别忘了检查意大利面！完成后，将其沥干并与其他成分一起放入煎锅中，将它们混合在一起。

e) 用切碎的奶酪盖住所有东西，煮至融化。

64.　　　简单的鸡肉和羊肚菌

原料：

- 3 杯羊肚菌，纵向切片

- 4 块去骨、去皮的鸡胸肉

- 4 汤匙黄油

- 1/2 杯鸡汤

- 1/2 杯浓奶油

- 2 汤匙柠檬汁

- 1/2 杯面粉

- 3 个小葱，切碎

- 3 瓣大蒜，切碎

- 盐和胡椒粉调味

路线：

a) 将烤箱预热至 300 度。

b) 在大煎锅中用中火融化 2 汤匙黄油。当它融化时，给鸡胸肉撒上面粉。

c) 将鸡肉放入煎锅中煮熟，翻面，直到两面都变成浅褐色。这可能需要 8 到 10 分钟。

d) 将鸡肉从煎锅中取出，放入砂锅中。烤箱准备好后，放入平底锅中烘烤，直到鸡肉被加热。

e) 在煮鸡肉时，将另外 2 汤匙黄油放入平底锅中，用中火融化。加入羊肚菌、青葱和大蒜。煮 3 分钟，经常搅拌。

f) 倒入鸡汤，煮至减半。

g) 加入奶油、柠檬汁、盐和胡椒粉。煮至液体变成所需稠度的酱汁。

h) 在羊肚菌煮的时候继续检查鸡肉。两者都完成后，熄火，用勺子把酱汁浇在鸡肉上。

65.　　　蟹酿羊肚菌

原料：

- 12 个羊肚菌，纵向切成两半

- 1 杯蟹肉

- 2 汤匙黄油

- 1 个鸡蛋，殴打

- 2 瓣大蒜，切碎

- 2 汤匙淡蛋黄酱

- 2 汤匙丁面包屑

- 盐和胡椒粉调味

- 将烤箱预热至 375 度。

路线:

a) 在一个大碗中混合蟹肉、蛋黄酱、打好的鸡蛋、大蒜、面包屑、盐和胡椒粉。将配料混合均匀。

b) 用不粘的烹饪喷雾喷洒烤盘底部。在平底锅中融化黄油,然后将其涂抹在烤盘的底部。将羊肚菌放在盘子底部,空心的朝上。

c) 用馅料填充每个羊肚菌。放入烤箱,煮至蘑菇呈金黄色,大约需要 8 到 15 分钟。

d) 立即服务。

66.　　　炒羊肚菌鸡蛋

原料：

- 1/2 磅羊肚菌，纵向切片

- 1/4 杯牛奶

- 3 汤匙黄油

- 3 个大葱，切碎

- 1/2 打鸡蛋，殴打

路线：

a) 在一个大煎锅中融化黄油，加入羊肚菌和大葱，煮至羊肚菌开始变褐。

b) 当蘑菇在煮的时候，把鸡蛋和牛奶放在一个碗里搅拌。

c) 将打好的鸡蛋混合物和蘑菇一起倒入煎锅中。炒至鸡蛋煮熟为止。

67.　　　芦笋和羊肚菌

原料：

- 1/2 磅新鲜羊肚菌，纵向切片

- 2 汤匙黄油

- 2 束芦笋，切成 1 英寸的碎片

- 1 个小葱，切碎

- 2 瓣大蒜，切碎

路线：

a) 用中火在平底锅中融化黄油。加入葱块、大蒜、羊肚菌和芦笋。

b) 煮到羊肚菌变成褐色并且芦笋变软，通常需要 8 到 10 分钟。

68.　　　羊肚菌塞满奶酪

原料：

- 许多完整的中号羊肚菌，至少 12 到 16 个。不要切片。

- 1 汤匙黄油

- 2 汤匙橄榄油

- 1/2 磅菠菜（8 盎司），尽可能切碎

- 1 杯意大利乳清干酪

- 1 杯切碎的瑞士奶酪

- 2 汤匙松子或核桃，切碎

- 4 个大葱，切碎

- 2 瓣大蒜，切碎

- 1/2 茶匙肉豆蔻

- 盐和胡椒粉调味

路线：

a) 将烤箱预热至 375 度。

b) 首先我们来做馅。在平底锅中用中火融化黄油。将葱和大蒜炒 5 分钟，然后熄火放凉。

c) 在一个大碗中，混合所有奶酪、菠菜、坚果、盐、胡椒、大蒜、大葱和肉豆蔻。拌匀。

d) 通过切断任何突出的茎来准备你的蘑菇，在底部留下一个开口。

e) 用不粘的烹饪喷雾喷烤盘。小心地塞入每个羊肚菌，刷上少许橄榄油，然后放入锅中。煮至蘑菇呈金黄色，通常需要 10 到 20 分钟。

f) 立即服务。他们不会持续太久！

69.　　　面粉羊肚菌

原料:

- 羊肚菌 一串（切片）

- 1/2 杯面粉（或更多）

- 4 汤匙黄油或人造黄油

- 盐

- 胡椒

路线:

a) 将羊肚菌裹上面粉（装在装有面粉的加仑拉链袋中或使用覆盖有面粉的盘子）

b) 在煎锅中用中火融化黄油/人造黄油（不要过热！！！！！）

c) 用黄油/人造黄油（轻轻地）炒蘑菇。需要的时候转。

d) 从煎锅中取出，加入盐和胡椒调味。

70.　　　香煎羊肚菌

原料：

- 羊肚菌粗粒

- 2 杯有机面粉

- $\frac{1}{4}$ 茶匙辣椒粉

- $\frac{1}{4}$ 茶匙洋葱粉

- 大量海盐用于卤水

- 2 个蛋

- $\frac{1}{2}$ 杯牛奶

- 1 块黄油或酥油

路线：

a) 首先，您将使用水和盐将羊肚菌放入凉爽的盐水浴中。

b) 将鸡蛋和牛奶混合在碗中。

c) 在碗中混合面粉和香料。

d) 在平底锅中用中/低温融化黄油（或选择的煎炸油）。

71.　　　黄油羊肚菌

原料：

- 羊肚菌

- 米粉

- 面粉

- 4 支黄油

- 盐

- 胡椒

路线：

a) 用米粉撒上羊肚菌，然后用黄油煎炸。

b) 享受。

72. 羊肚菌蘑菇酱

份量 4 人

原料：

- 4 无骨鸡胸肉替代蝴蝶角膜白斑鱼、野鸡胸肉或小牛肉片

- 3 汤匙黄油（无替代品）

- 3 杯羊肚菌（切成 1 英寸长）

- $\frac{1}{2}$ 汤匙干欧芹

- $\frac{1}{4}$ 茶匙胡椒粉

- $\frac{1}{4}$ 杯葱（切成薄片）

- $\frac{1}{2}$ 杯干白葡萄酒

- 2 杯搅打奶油

- 1 茶匙盐

- $\frac{1}{2}$ 茶匙第戎芥末酱

路线：

a) 用几汤匙热黄油炒去骨鸡胸肉，直至熟透。保持温暖直到酱汁完成。

b) 在一个 12 英寸的不粘锅中，加热 3 汤匙。黄油（无替代品）中火加热至起泡。

c) 添加 3 杯小的灰色羊肚菌——较大的羊肚菌切成不超过 1 英寸长的片。

d) 炒 e，偶尔搅拌 15-20 分钟。直到微微酥脆。

e) 添加 1/4 C. 切成薄片的葱顶，1/2 汤匙。干欧芹、1/4 茶匙肉豆蔻、1/4 茶匙胡椒粉、1 茶匙盐，然后煮几分钟。

f) 将热量调高并加入 1/2 C. 干白葡萄酒并减少至几乎呈釉状。

g) 将热量转为药物。并加入 2 C. 鲜奶油和 1/2 茶匙第戎芥末酱。

h) 在慢煮时稍微减少，直到变稠——大约 10-12 分钟。

i) 装盘，将酱汁浇在鸡肉上。

73.　　　羊肚菌配咸饼干

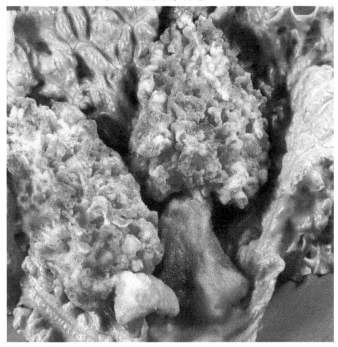

原料：

- 纵向切片的新鲜羊肚菌

- ⅓ 食用油

- 1 盒苏打饼干

- 3 个鸡蛋

- 盐

- 1 茶匙胡椒粉

- 1 茶匙辣椒粉

- 1 汤匙调味料

- 1 杯面粉

- ⅓ 杯水

路线：

a) 将蘑菇轻轻清洗并纵向切成两半。预先浸泡在盐水中。（最好过夜）。这有助于中和酸……避免"消化"问题。

b) 在 10 英寸铸铁煎锅中用中高温预热 1/3 英寸的食用油。

c) 准备纸巾以吸干煮熟的蘑菇中多余的油。

d) 用大漏勺冲洗并沥干蘑菇。

e) 将 2 个内包装的苏打饼干倒空到一个 1 加仑的 Ziploc 袋中。用擀面杖压碎成细碎的稠度。

f) 添加 1 C 面粉、1/2 汤匙调味盐和 1 茶匙胡椒粉和辣椒粉。一起摇匀，放入浅盘或砂锅碗中。

g) 在一个小碗里，搅打 3 个鸡蛋。

h) 加水、胡椒粉拌匀。

i) 用一只手将蘑菇浸入蛋液中，让多余的部分滴落。倒入饼干混合物中。

j) 另一方面，立即在上面撒上更多饼干混合物以覆盖整个蘑菇。抖掉多余的，以免在锅里烧焦。

k) 烹饪

l) 放入加热的油中……裂开的一面朝下。继续直到锅装满。

m) 煮至微微金黄。用钳子翻过来，将另一面煮至金黄色。将它们翻转过来一点，让底部多余的油更好地排出。

n) 放在纸巾上……分开的一面朝下。可以稍微加盐，但不是必需的。不想掩盖蘑菇的味道……先尝尝味道是个好主意。

o) 继续，直到所有的蘑菇都煮熟……可能需要抵挡急切的消费者。

74.　　　羊肚菌配面包屑和巴马干酪

原料：

- 15-20 个中等大小的羊肚菌，洗净切半

- 1 杯面包屑

- 1 汤匙黑胡椒粉

- 1 汤匙碎海盐

- 3 汤匙帕玛森芝士细磨碎

- 3-4 厚片中号切达干酪

- 1 个鸡蛋洗蛋

- 4 支黄油

路线：

a) 将所有干成分混合在一个浅碗中。（面包屑、帕玛森芝士、盐和胡椒粉）

b) 在小煎锅中加热适量的黄油。

c) 将鸡蛋打散，放入单独的浅碗中。

d) 烹饪

e) 将蘑菇浸入蛋液中，捞出裹上面包屑，立即放入热黄油中。炸至酥脆的金黄色。

f) 从煎锅中取出，将蘑菇放在小饼干片上，在每个蘑菇中间放一条 1/4 英寸的切达干酪。

g) 放入预热的 375° 烤箱中约 4-6 分钟，或直到奶酪融化。

h) 取出，放凉，然后享用。

75.　　　　煎羊肚菌

原料：

● 一批羊肚菌切成两半，清洗并浸泡

● 2 杯玉米面

● $\frac{1}{4}$ 牛奶

● 1 个乡村鸡蛋

● 1 杯培根油脂

● 1 汤匙黑胡椒

路线：

a) 在一个宽而浅的碗中：将 1 个乡村鸡蛋与 1/4 摄氏度混合。牛奶

b) 在厚纸袋中：添加 2 c。玉米粉 1 吨。混入黑胡椒。

c) 在调味良好的深铸铁煎锅中，融化 1 英寸深的培根油脂。

d) 让它变得又热又好，但不要吸烟。

e) 现在将蘑菇浸入牛奶和鸡蛋的混合物中，让它们在油脂加热时稍微浸泡一下。

f) 从碗里抓一把，稍微摇晃一下，去掉一些多余的液体，然后把它们放进装玉米面的袋子里。

g) 将手放在袋子底部，以免袋子破裂，然后轻轻摇晃。

h) 添加更多蘑菇，每次添加后轻轻摇晃。

i) 当它们都涂得很好时，开始将它们放在热锅中的单层中。

j) 尽量只转动一次，这样你的涂层就可以更好地保持。

牛肝菌

76.　　　牛肝菌牛排

服务 2

原料：

- 2 汤匙糖

- 1 汤匙盐

- 5 瓣大蒜，切碎

- 1 汤匙热红辣椒片

- 1 汤匙黑胡椒

- 30 克干牛肝菌，磨细

- 60 毫升橄榄油，加上额外的毛毛雨

- 1 x 600-800 克肋眼牛排，切成 4 厘米厚

- 香醋，用于毛毛雨

路线:

a) 在一个小碗中,混合糖、盐、大蒜、红辣椒片、胡椒粉、蘑菇粉和橄榄油,然后充分搅拌,形成浓稠、相当干燥的糊状物。将糊状物涂抹在牛排上,均匀涂抹。包上保鲜膜冷藏 12 小时或过夜。

b) 加热平底锅。从冰箱中取出牛排,刷掉多余的腌料。用中高火煮 20-25 分钟,每 6 分钟转动一次,以获得中等稀有度。

c) 让牛排静置 10 分钟,然后顺着纹理切片。淋上橄榄油和香醋即可食用。

77. 酱油蘑菇

服务 4-6

原料：

- 400 毫升牛奶

- 50 克黄油

- 50 克玉米粉或黄色玉米粥

- 40 克鲜奶油

- 75 克帕玛森芝士，磨碎，另加备用

- 盐和黑胡椒

- 4-6 根猪肉或野猪肉香肠

对于酱油蘑菇

- 50 毫升植物油

- 1 个小洋葱，切丁

- 2 瓣大蒜，压碎

- 400 克混合野生蘑菇

- 60 毫升生抽

- 60 毫升水

- 3 个葱，切碎

- **4** 汤匙平叶欧芹，切碎

路线：

a) 要制作粗粒，请将牛奶和黄油放入中等大小的平底锅中煮沸。

b) 加入粗粒或玉米粥，煮 **3** 分钟，不断搅拌。从火上移开并稍微冷却。

c) 加入鲜奶油和帕玛森干酪，调味，盖上盖子并保温。

78.　　蘑菇馅饼

服务 2

原料：

披萨面团

- 115 毫升温水

- 1 茶匙速效干酵母

- 200 克强力白面粉

- ½ 茶匙盐

用于填充

- 200 克水牛芝士，沥干并切块

- 特级初榨橄榄油

- 1 瓣大蒜，切碎

- 1 茶匙干辣椒片（可选）

- 225 克混合蘑菇，去皮，切块，切成 1 厘米的方块

- 盐和黑胡椒

- ½ 汤匙柠檬百里香叶

- 3 汤匙巴马干酪，精细磨碎

路线：

a) 制作面团时，将 2 汤匙温水放入一个小碗中。将酵母撒在水面上，然后用手指轻轻混合。将面粉量入一个大的搅拌碗中。一旦酵母溶解并看起来起泡，彻底混合。

b) 加入 1 汤匙面粉并搅拌直至形成光滑的糊状物。静置 30 分钟。它会起毛并体积加倍。

c) 将盐混合到剩余的面粉中。倒入酵母混合物。向空酵母碗中加入 115 毫升温水，然后倒入混合物中。用手搅拌直至形成面团，然后放在干净的表面上。揉 10 分钟。

d) 一旦面团如丝般光滑且富有弹性，分成两个相等的球。放在撒了面粉的烤盘上，盖上干净的茶巾。在温暖无风的地方放置 2 小时，或直到它们变大一倍。

e) 将烤盘放在烤箱中央，然后预热至 230C/450C/气标 8。

f) 沥干马苏里拉奶酪并拍干。切成 1 厘米的方块，放入漏勺中。轻轻按压以释放一些多余的水分。

g) 将煎锅放在中高火上。加入 3 汤匙橄榄油，然后加入大蒜和辣椒（如果使用）。一旦开始发出嘶嘶声，加入蘑菇丁。

h) 调味并快速炒 3 分钟或直到它们释放出大部分液体。加入柠檬百里香，倒入碗中。一旦冷却，加入巴马干酪。

i) 将披萨面团擀成两个直径约 20 厘米的圆盘。将蘑菇铺在每盘面团的一半上，注意不要盖住凸起的边缘。

j) 将切块的马苏里拉奶酪撒在蘑菇上。将未覆盖的一半面团折叠在馅料上。压接边缘，这样果汁就不会逸出。

k) 烘烤 10 分钟，或直到馅饼膨胀并变脆变金黄。上菜前刷上少许橄榄油。

79.   醋汁芦笋和羊肚菌

产量：4 份

原料：

- 32 芦笋

- $\frac{1}{2}$ 磅新鲜羊肚菌；减半，清洁和修剪

- $\frac{1}{4}$ 盎司 干牛肝菌

- 1 杯鸡汤或水

- $\frac{1}{4}$ 杯香醋

路线：

a) 将芦笋修剪并焯至变软，然后浸入冷水中以停止烹饪。沥干备用。将牛肝菌浸泡在高汤或水中。煮沸并将体积减少到 $\frac{1}{4}$ 杯。拉紧。在搅拌机中，混合香醋和蘑菇浸泡水。

b) 将油乳化到基料中，用盐和胡椒调味。将芦笋蒸 1 分钟以重新加热并放在热盘子上。

c) 用黄油炒羊肚菌，直到它们流出汁液。加热并炒 2-3 分钟。倒入羊肚菌⅔香醋的。把长矛分开，在每根长矛周围淋上一点香醋。

80. 蓝纹奶酪和野生蘑菇

产量：3 份

原料：

- 1 汤匙无盐黄油
- 1 汤匙橄榄油
- 3 个西班牙洋葱；切成薄片
- 1 茶匙糖
- 3 汤匙橄榄油
- 1 磅什锦野生蘑菇（波多贝罗；香菇鸡油菌，牛肝菌）
- 盐和新鲜胡椒粉
- ½ 杯新鲜马苏里拉奶酪
- 1 杯碎蓝奶酪
- 1 个大饼

路线:

a) 在中等大小的平底锅中加热黄油和橄榄油。加入洋葱和糖,慢慢煮至变软并焦糖化。在大炒锅中用高温加热橄榄油。加入蘑菇,炒至金黄色并煮熟。

b) 盐和胡椒调味。预热烤架。将面团压平,刷上大量橄榄油,然后放在烤架上。

c) 将一侧烤至金黄色,翻面撒上马苏里拉奶酪、洋葱、蘑菇和蓝纹奶酪。

栗子蘑菇

81. 蘑菇韭菜面包布丁

服务 8-10

原料：

- 400 克面包块，去壳

- 2 汤匙橄榄油

- 1 汤匙无盐黄油

- 50 克烟肉，切丁

- 4 根韭菜，白色和绿色部分，切片

- 1.2 公斤栗子蘑菇，切片

- 1 汤匙新鲜龙蒿叶，切碎

- 30ml 中度或干雪利酒

- 盐和黑胡椒

- 一小把平叶欧芹，切碎

- 4 个大鸡蛋

- 600 毫升双份奶油

- 250 毫升鸡汤

- 170 克格鲁耶尔干酪，磨碎

方向：

a) 将烤箱预热至 180C/350F/气体标记 4。将面包铺在烤盘上，烘烤 20 分钟，直至呈浅褐色。搁置。

b) 用中火加热油和黄油。加入意大利薄饼，煎 5 分钟，加入韭菜，煮至变软。加入蘑菇、龙蒿、雪利酒、1 汤匙盐和 1.5 茶匙胡椒粉，煮 10-12 分钟，直到大部分液体蒸发，不时搅拌。关火，然后拌入欧芹。

c) 在一个大的搅拌碗中，搅拌鸡蛋、奶油、鸡汤和⅔的格鲁耶尔。加入面包和蘑菇混合物，搅拌均匀。静置 30 分钟。

d) 搅拌均匀，倒入一个大烤盘中。撒上剩余的格鲁耶尔干酪，烘烤 45-50 分钟，直到顶部变成褐色。

e) 服务热。

82.   栗子和野蘑菇

产量：**4** 份

原料：

- **2** 汤匙橄榄油

- **1** 瓣大蒜，切碎

- **8** 盎司香菇，修剪和切片

- **15** 盎司 沥干的栗子罐头，用水包装

- 盐和现磨黑胡椒

方向：

a) 在平底锅中加热橄榄油，慢慢让大蒜变成棕色。将香菇炒软（必要时加一匙水，以免烧焦）。

b) 加入栗子和炒只是为了重新加热它们并用盐和大量黑胡椒粉调味

c) 产量：**4** 至 **6** 份

83.   罗根蘑菇

4人份

原料:

- 2-4 个干辣椒

- 6 汤匙植物油

- 4 丁香

- 6 个绿色豆蔻荚

- 2 个黑豆蔻荚

- 5cm 肉桂棒

- 1 把狼牙棒刀片

- 10 粒黑胡椒粒

- 2 个小洋葱,切碎

- 2 个大西红柿,四分之一

- 2 汤匙酸奶

- 5 瓣大蒜,去皮

- 20 克去皮生姜

- 2 茶匙香菜粉

- $\frac{3}{4}$ 茶匙孜然粉

- ⅓ 茶匙姜黄

- ¾ 茶匙 garam masala，或品尝

- 盐，品尝

- 30 克无盐黄油

- 500 克什锦蘑菇，如香菇、栗子和牡蛎

- 一把香菜叶，切碎

方向：

a) 将干辣椒放入干锅中烤至稍微变黑，并经常摇动。分成两半并摇出种子，然后研磨成粉末。在一个大的不粘锅中加热 4 汤匙油。

b) 加入所有香料并煎 10 秒。加入洋葱，煮至边缘焦黄。

c) 同时，将西红柿、酸奶、大蒜和生姜搅拌均匀。将碎香料和一些盐加入洋葱中。

d) 做饭，偶尔搅拌，直到马萨拉完全减少并将油滴释放回锅中。继续煮，经常搅拌，在高温下持续 4-5 分钟。加入 350 毫升水，大火烧开，转小火煮 3-4 分钟，然后保温。

e) 在大煎锅中加热 1 汤匙油和一半黄油。加入一半蘑菇，撒上少许盐，炒五分钟，直到边

缘焦糖化。用剩下的油、黄油和蘑菇重复上述步骤。将它们倒入酱汁中，搅拌均匀，然后调整调味料。

f) 如有必要，加一点水——酱汁应该很浓，但不要太粘。文火煮 3-4 分钟，然后撒上香菜即可食用。

克雷米尼

84. 克里米尼蘑菇克罗斯蒂尼

使 24

原料：

克罗斯蒂尼

- 16 盎司长棍面包，沿对角线切成 24 块

- 2 汤匙橄榄油或更多根据需要

- 1 大瓣大蒜，去皮，切成两半

蘑菇

- 1 汤匙橄榄油

- 1 个人葱，去皮，切碎

- 3/4 磅小蘑菇，擦干净，切成薄片

- 2 汤匙切碎的新鲜迷迭香

- 2 汤匙切碎的新鲜鼠尾草

- 装饰用迷迭香小枝可选

方向:

a) 制作 crostini：预热肉鸡。将法棍面包片放在烤盘上。

b) 在每一片上刷上少许橄榄油，然后用大蒜切开的一面擦拭。放在烤肉机下面，烤至略呈褐色并变脆。

c) 从肉鸡中取出并放在一边冷却。

85.   Crimini 和胡萝卜腌料

10 人份

原料：

- 8 盎司 crimini 蘑菇

- 1 杯水

- 1/2 茶匙盐

- 8 盎司小胡萝卜，修剪顶部并擦洗干净

- 12 盎司洋蓟，减半

- 敷料：

- 1/4 杯橄榄油

- 1/4 杯香醋

- 2 茶匙新鲜莳萝

- 1/4 茶匙盐

- 1/4 茶匙胡椒粉

- 1/2 杯烤红辣椒，切丝

方向：

a) 在一个大平底锅中，混合蘑菇、水和 **1/2** 茶匙盐。煮沸并减少热量。盖上锅盖炖几分钟。加入胡萝卜并重新煮沸。关小火，盖上锅盖再煮 **2** 分钟。将蔬菜沥干并冷却，然后与朝鲜蓟心混合。

b) 在搅拌机或罐子里混合橄榄油、醋、莳萝、盐和胡椒粉并摇匀。倒在蔬菜和外套上。冷却至凉爽，最多 **2** 天。食用前调至室温。用红辣椒条和莳萝装饰。

86. 蘑菇"烩饭"配羊乳酪

4 人份

原料：

- 2 汤匙橄榄油

- 1 磅切成薄片的 crimini 蘑菇

- 1-1/4 杯（8 盎司）意大利面

- 1 罐 14-1/2 盎司意式炖西红柿

- 1 罐 13-3/4 盎司鸡汤

- 1/4 杯碎罗勒和番茄味羊乳酪

方向：

a) 在一个大煎锅中加热油，直到变热。加入蘑菇，煮至变软并流出汁液。加入米粒、西红柿、鸡汤和 1/2 杯水。

b) 盖上锅盖，不时搅拌，直到米粒变软，大部分液体被吸收。拌入羊乳酪即可食用。

87.　　蘑菇馅饼

6 人份

原料：

- 2 个葱，切碎

- 1/2 杯白葡萄酒

- 8 盎司。犯罪，切片

- 8 盎司。香菇，切片

- 1 1/2 杯浓奶油

- 1/2 茶匙百里香，新鲜的

- 盐和黑胡椒调味

- 1 个鸡蛋，殴打

- 12 个 4 英寸的酥皮方块

方向:

a) 在酒中煮蘑菇和红葱头，直到酒蒸发。加入奶油、百里香、盐和胡椒粉。

b) 减少一半并冷却几个小时或直到奶油凝固。将 1 圆茶匙蘑菇混合物倒入糕点中，折叠并刷上蛋液。

c) 在烤箱中烘烤约 8-12 分钟或直至呈金黄色。加热剩余的蘑菇混合物并与馅饼一起食用。

88. 奶油蘑菇汤

服务 2

原料：

- 2 汤匙黄油

- 1（6 盎司包装）crimini 蘑菇

- 2 个中大葱末

- 1/4 茶匙匈牙利辣椒粉

- 1 汤匙面粉

- 1 杯鸡汤

- 1/2 茶匙干百里香，碎

- 1/4 杯搅打奶油

- 2 汤匙酸奶油或淡酸奶油

方向：

a) 融化黄油、红葱头，用中火炒 **5** 到 **10** 分钟，直到变成褐色变软。蘑菇应散发出液体，蒸发后加入辣椒粉搅拌。

b) 加入面粉并搅拌混合，直至光滑变稠。加入百里香，小火煮 **10** 分钟。加入奶油和酸奶油。

89.　　　克里米尼蘑菇砂锅

原料：

- 3 磅。犯罪蘑菇

- 1 包 16 盎司。香草馅

- 3/4 磅锋利的奶酪，磨碎

- 1 1/4 杯对半

方向：

a) 将蘑菇切片并稍微焯一下。

b) 在 9x13" 平底锅上涂上油脂。从蘑菇．奶酪、
   馅料开始分层配料，然后重复以馅料结束。

c) 不要在上面涂黄油。烘烤前，将一半的一半
   倒在砂锅上。350 度烘烤 30 分钟。

90.　　　意大利面配蘑菇和酱汁

原料：

- 8 盎司。生扁面条

- 2 汤匙橄榄油

- 1 杯切碎的洋葱

- 1 磅新鲜的 crimini 蘑菇

- 1 茶匙蒜末

- 1 罐（7 盎司）烤红甜椒，沥干并切碎

- 1/4 茶匙盐

- 1/8 茶匙黑胡椒

- 1 1/2 杯面包丁（凯撒或意大利风味）

- 1/3 杯帕玛森芝士

方向：

a) 煮面条直到完成。沥干并保存 1/2 杯液体。将意大利面放入一个大碗中。在大煎锅中，将橄榄油加热至热。

b) 加入洋葱，煮至稍微变软。加入蘑菇，煮至嫩——约 5 分钟。

c) 加入胡椒粉、盐和胡椒粉调味。加入剩余的水，倒在扁面条上。拌入油煎面包块、奶酪即可食用。

91.　　蘑菇菠菜意大利面

4 份

原料：

- 3 汤匙（45 毫升）特级初榨橄榄油

- $\frac{1}{2}$ 杯切成薄片的葱或红洋葱，大约 1 个大的或 2 个中等的

- 粗盐

- 275 克（10 盎司）白蘑菇，切成大块

- 8 盎司（225 克）波多贝罗蘑菇帽，切片

- 2 瓣大蒜，切碎

- $\frac{1}{2}$ 茶匙碎红辣椒

- 现磨黑胡椒调味

- 8 盎司（225 克）干宽面条或宽面条，或 1 磅新鲜意大利面

- 60 毫升（$\frac{1}{4}$ 杯）桃红葡萄酒或干白葡萄酒

- 3 汤匙（45 克）黄油

- $\frac{1}{4}$ 杯磨碎的帕玛森芝士

- 150 克（5 盎司）嫩菠菜叶

方向:

a) 将一大锅盐水烧开。

b) 将一个大（12 英寸）平底锅放在中火上。将橄榄油和红葱头连同 $\frac{1}{2}$ 茶匙粗盐一起放入锅中。煮至青葱变软，频繁搅拌，约 5 分钟。

c) 将蘑菇一层一层地放入锅中。不受干扰地煮 5 分钟，然后撒上 $\frac{1}{2}$ 茶匙盐，并与青葱一起搅拌。加入大蒜、辣椒和黑胡椒，继续煮 5 分钟，或直到它们变软并流出汁液。

d) 蘑菇煮的时候，将意大利面加入沸水中，按照包装说明煮。流走。

e) 将蘑菇下的热量提高到中高，然后倒入酒。让它起泡并煮 2 分钟。加入黄油搅拌直至融化。将平底锅从火上移开，在平底锅中加入 $\frac{1}{4}$ 杯奶酪和菠菜。搅拌直到叶子枯萎。

f) 将煮熟的意大利面放入锅中，轻轻拌入酱汁。装在碗中，在意大利面上撒上额外的奶酪。倒一杯酒，尽情享受吧！

波多贝罗

92.   波多贝罗蘑菇汤

6 人份

原料：

- 300ml 单支奶油

- 1 升牛奶

- 200 毫升冷水

- 1 个大洋葱，切丁

- 50 克黄油

- 盐

- 250 克波多贝罗蘑菇，切成薄片

- 100 克蘑菇，切碎

- 50 毫升黑甜马德拉酒

- 4 片月桂叶

- 200 毫升双层奶油

- 黑胡椒

- 6 片小月桂叶，服务

方向:

a) 将单一奶油、牛奶和水放入大平底锅中慢慢煮沸。

b) 与此同时，在另一个平底锅中用黄油、2 片月桂叶和一些盐慢慢地炒洋葱。洋葱变成半透明后，加入蘑菇，用更高的火煮，直到水分蒸发。加入马德拉酒，变成粘稠的釉状。

c) 倒入沸腾的奶油混合物，搅拌均匀，然后重新煮沸。煮不超过 5 分钟，去掉叶子，然后搅拌均匀。

d) 如果你用月桂叶在双层奶油中浸泡了一整夜，在将奶油搅拌到清淡的尚蒂伊酒中之前先将其取出——它应该会变稠并从勺子上掉下来。否则加入切碎的月桂叶。

e) 上汤时加入一匙双层奶油、一些胡椒粉和一小片月桂叶。

93. 膨化蘑菇煎蛋卷

服务 2

原料：

- 20 克黄油

- 1 汤匙橄榄油

- 2 个大蘑菇，切成薄片

- 1 根香蕉葱，切成薄片

- 3 个鸡蛋

- 100 毫升天然酸奶

- 1 汤匙罗勒，切碎

- 1 汤匙欧芹，切碎

- ½ 汤匙细香葱，切碎

方向:

a) 在一个带盖的大煎锅中加热黄油和油。炒蘑菇，不要经常搅拌，所以它们会呈现一些颜色。

b) 加入葱，煮至变软。将热量降低到尽可能小的火焰。

c) 将鸡蛋和酸奶混合在一起，然后加入大量海盐和胡椒调味。用电动打蛋器（或用手用力）打至起泡。

d) 将混合物倒入锅中，加入香草并盖上盖子。

e) 煮至膨胀并完全凝固。

94.　　烤 portobellos 罗马式

产量：4 份

原料：

- 6 盎司波多贝罗蘑菇

- ½ 磅意大利面

- 盐和胡椒

- ½ 杯最喜欢的肉汤

- 1 杯切碎的洋葱

- 1 杯切碎的红辣椒或茄子，或各 1/2 杯

- 1 瓣大蒜，切碎

- 2 汤匙新鲜切碎的欧芹

- 1 罐（16 盎司）番茄酱

- 1 茶匙素食伍斯特沙司

- ½ 茶匙干牛至

- ¼ 杯磨碎的无脂帕玛森芝士

方向:

a) 预热烤箱烤。把一大锅水烧开。蘑菇洗净，
   加盐和胡椒调味，两面烤几分钟。

b) 同时，将意大利面放入沸水中煮至有嚼劲。
   将蘑菇切成约 $\frac{1}{2}$ 宽的长条。沥干意大利面，
   放入砂锅中，轻轻喷洒 Pam，然后在上面放
   上蘑菇。将烤箱温度降低到 350 华氏度。

c) 将肉汤放入煎锅中煮沸。

d) 在肉汤中炒洋葱、大蒜、欧芹和辣椒/茄子
   约五分钟。加入番茄酱、伍斯特沙司和牛至，
   再煮两分钟。倒在意大利面和蘑菇上。撒上
   奶酪。

e) 盖上盖子并烘烤约 30 分钟。

95.　　　烤波多贝罗牛排

产量：1 份

原料：

- 4 个大号 Portobello 蘑菇帽

- 烧烤酱

- $\frac{1}{2}$ 茶匙 盐

- $\frac{1}{4}$ 茶匙现磨胡椒粉

方向:

a) 准备烤架。

b) 用纸巾擦拭蘑菇盖；在每个盖子上刷上 1 份
   烧烤酱，然后撒上盐和胡椒粉。

c) 将蘑菇盖朝下放在烤架上；带箔的帐篷。用
   中低火炭烤 3 到 5 分钟。去除箔纸；用 1
   汤匙酱汁刷每个蘑菇。转动蘑菇，刷上另外
   1 汤匙酱汁。

d) 再烤 3 到 5 分钟，直到用叉子刺穿时变软。
   与剩余的烧烤酱一起食用，加热，如果需要
   的话。做 4 份。

96.　　　波多贝罗香菇早餐

产量：4 份

原料：

- 4 个中等大小的大号新鲜波多贝罗瓶盖，4-6 英寸宽；清理干净

- 3 汤匙橄榄油

- 4 盎司香菇；去除茎并切开菌盖

- ½ 个小洋葱；细切

- 1 杯新鲜玉米粒

- ⅓ 杯烤松子

- ½ 杯炸碎培根（可选）

- 盐

- 8 个鸡蛋

方向：

a) 预热烤箱至 400 度。将波托贝罗帽、鳃面朝上放在一个大烤盘中烘烤 5 分钟。同时在大炒锅中用高温加热油。加入香菇、洋葱和玉米；炒至蘑菇变软，玉米变软，3-4 分钟。如果使用，加入松子和培根并搅拌均匀。一定要好好调味。

b) 从烤箱中取出蘑菇，将香菇混合物均匀地分配在 4 个光滑表面的盖子中。确保盖子尽可能平放，以免鸡蛋在烘烤时滑到一侧。在每个蘑菇上打 2 个鸡蛋。

c) 将鸡蛋轻轻撒盐，然后将盘子放回烤箱。烘烤直到鸡蛋达到您喜欢的程度，然后立即上桌。

d)

97.　　　马德拉鸡配波多贝罗

产量：1 份

原料：

- 4 大块无骨鸡胸肉

- 8 盎司 Portobellos；厚片

- 1 杯通用面粉

- 2 汤匙黄油

- 2 汤匙橄榄油

- 盐和现磨胡椒粉调味

- 1 汤匙新鲜意大利欧芹或罗勒；剁碎

- 新鲜意大利欧芹或罗勒泉

- ½ 杯干马德拉葡萄酒

- ½ 杯鸡汤

方向:

a) 将鸡胸一次一个地放在两张蜡纸之间。将鸡块（去皮的一面朝下）放在蜡纸上，然后用木槌轻轻压平。

b) 将它们压平至大约 $\frac{1}{4}$ 英寸厚。敲鸡有两个目的；1）让胸部变大，最重要的是 2）使厚度均匀，这样烹饪时间就会均匀。

c) 将面粉、盐和胡椒混合在一张干净的蜡纸上。在每个鸡胸肉上涂上调味面粉；提起一端，轻轻抖掉多余的面粉。将每块撒上灰尘的鸡肉放在另一张蜡纸上，不要让它们相互重叠。

d) 在一个又大又深的不粘锅中融化 2 茶匙黄油和 2 茶匙橄榄油。当黄油和油变热（冒泡）时，加入蘑菇。用大火炒，直到蘑菇变成浅褐色并变软，所有的液体都蒸发了。从煎锅中取出蘑菇并放在一边。

e) 用盐、胡椒和欧芹或罗勒给蘑菇调味。将煎锅放回中高温。加入剩余的黄油和橄榄油。将鸡肉加入煎锅中，先煮去皮的一面。

f) 将鸡胸肉每面煎 2-3 分钟。不要煮过头。将鸡肉转移到一个大盘子里，盖上箔纸。或者您也可以将煮熟的鸡胸肉放在一个大盘子上的温暖烤箱（150-200 度）中。

g) 当所有的鸡胸肉都被炒熟后，倒掉煎锅里多余的脂肪，只在锅里留下几滴。倒入酒和鸡汤，开中火，刮平锅底，使粘附在锅底的所有颗粒松动并溶解在液体中。或者您可以用更传统的方式给平底锅除釉。将葡萄酒加入煎锅中，用高温炒至体积减半，大约需要 2 到 3 分钟。

h) 加入鸡汤，用大火炒至体积减半，大约需要 1 分钟。

i) 将 portobellos 放回煎锅中。品尝，并根据需要调整调味料。用勺子把酱汁浇在鸡肉上。服务。

j) 将鸡肉放在装饰有意大利欧芹或罗勒的新鲜小枝的拼盘上，无论您选择在菜肴中使用哪种香草。

98.　　　茄子波多贝罗千层面

产量：1份

原料：

- 1 磅李子番茄；驻扎
- 1.5 杯粗切碎的茴香球茎
- 1 汤匙橄榄油
- 不粘植物油喷雾
- 4 个大日本茄子；修剪，每个纵向切成四个
- ⅓ 英寸厚的切片
- 3 种培养基波多贝罗蘑菇；修剪茎，切片帽
- 1 汤匙米醋
- 3 杯菠菜叶；漂洗
- 4 片低脂马苏里拉奶酪薄片
- 2 罐烤红甜椒；沥干水分，切成 1/2 英寸宽的条状
- 8 大罗勒叶

方向：

a) 这些单独的蔬菜陶罐可以提前一天组装好。

b) 将烤箱预热至 400°F。将西红柿和茴香放入 13x9x2 英寸的玻璃烤盘中。淋上油；搅拌均匀。烘烤至茴香变软并开始变成褐色，大约需要 45 分钟。凉爽的。

c) 用植物油喷洒 2 个不粘烤盘。将茄子和蘑菇片放在准备好的床单上。烘烤至蔬菜变软，茄子片约 30 分钟，蘑菇片约 40 分钟。在处理器中将番茄混合物搅成泥。转移到碗上方的过滤器中。按压固体以提取液体；丢弃固体。将醋搅拌成液体。用盐和胡椒调味香醋。

d) 在大的不粘锅中用中高温搅拌菠菜，直到菠菜变软，大约 1 分钟。远离热源。

e) 将烤箱预热至 350°F。用植物油喷洒四个 $1\frac{1}{4}$ 杯的蛋羹。在每道菜中用 2 片十字交叉的茄子片排成一行。

f) 撒上盐和胡椒。在每个上面放 $\frac{1}{4}$ 菠菜。在每个顶部放上 1 片马苏里拉奶酪。安排胡椒条，然后是罗勒和蘑菇。

g) 在上面放上剩余的茄子片，切得合身。撒上盐和胡椒。用箔纸盖住每个盘子。（香醋和烤宽面条可以提前 1 天制作。单独盖上；冷藏。）将烤宽面条烘烤至非常嫩，大约 25 分钟。去除箔纸。使用小刀，将蔬菜切开使其变松。翻转到盘子上。用勺子浇上香醋。

99.　　蘑菇牛排三明治和香蒜酱

4 人份

原料：

- 2 杯冷冻鸟眼豌豆
- 1 杯小火箭叶
- 1 小瓣大蒜，去皮
- $\frac{1}{4}$ 杯精细磨碎的帕玛森芝士
- $\frac{1}{4}$ 杯松子，烤
- 3 汤匙特级初榨橄榄油
- 4 波多贝罗蘑菇
- 4 片酵母面包，烤过的
- 西洋菜和萝卜丝，上菜用

方向:

a) 沥干煮熟的鸟眼豌豆，将 $\frac{1}{2}$ 杯豌豆放在一边。
将剩余的豌豆、芝麻菜、大蒜、巴马干酪、
松子和 2 汤匙油放入食品加工机中，加工成
泥状。调味。通过豌豆香蒜酱搅拌保留的豌
豆。

b) 将蘑菇放在衬有烤纸的托盘上，淋上剩余的
油。将烤架放在预热的高温烤架下，两边各
煮 2 分钟，直到变成浅褐色。

c) 将豌豆香蒜酱涂在面包上，上面放上蘑菇、
西洋菜和萝卜。立即服务。

100. 比安卡波多贝罗烤披萨

产量：4 份

原料：

- 1 汤匙加 1 茶匙大蒜；剁碎

- 初榨橄榄油

- 4 4" 波多贝罗蘑菇茎 丢弃

- 20 片茄子；切 1/8" 厚

- 2 杯松散包装的切碎的方蒂娜奶酪

- $\frac{3}{4}$ 杯新鲜磨碎的帕玛森芝士

- $\frac{1}{2}$ 杯戈贡佐拉奶酪；崩溃的

- 披萨面团

- $\frac{1}{4}$ 杯平叶欧芹；切碎的

方向：

a) 准备一个硬木炭火，将烤架放在煤上 3 到 4 英寸处。

b) 在碗中，将大蒜与 $\frac{1}{4}$ 杯橄榄油混合。在蘑菇和茄子上大量刷油。

c) 在另一个碗中，将芳提娜、巴马干酪和戈贡佐拉干酪混合在一起。盖上盖子并冷藏。当煤上开始出现白灰时，火就准备好了。

d) 将蘑菇帽烤至软化并煮熟，每面约 4 分钟。将茄子片烤至嫩，每面约两分钟。将蘑菇帽切成 ⅛ 英寸厚，与茄子一起放在一边。

e) 将披萨面团分成四等份。保持 3 件覆盖。在一个大的、抹了少许油的无边烤盘上，用手将第四块面团摊开并压平，形成一个 12 英寸的自由形状，大约 1/16 英寸厚；不要做嘴唇。

f) 将面团轻轻地铺在热烤架上，一分钟内面团会轻微膨胀，下面会变硬并出现烤痕。

g) 使用钳子，立即将面包皮翻转到加热的烤盘上，并刷上橄榄油。将四分之一的混合奶酪、欧芹和烤蔬菜撒在面包皮上。

h) 在披萨上淋上橄榄油。将比萨滑回热煤，但不要直接滑过接受高温的部分；经常检查底面，看它没有烧焦。当奶酪融化并且蔬菜被加热 3 到 4 分钟时，披萨就做好了。

i) 将烤好的比萨热上桌。重复此过程以制作剩余的比萨饼。

结论

蘑菇世界中种类、质地和口味的多样性与水果的多样性相似。因此，认为因为一个人不喜欢一种蘑菇，他们就会不喜欢所有蘑菇，甚至不喜欢任何包含蘑菇的食谱，这是很奇怪的。

蘑菇品种之多常常被忽视。当人们听到"蘑菇"这个词时，往往会想到杂货店里的白蘑菇，完全忽略了野生蘑菇世界中的各种香气、味道和质地！

我相信这本食谱已经向您介绍了一个全新的蘑菇世界，我知道您会喜欢从这本书中烹饪的！

CPSIA information can be obtained
at www.ICGtesting.com
Printed in the USA
LVHW021219160323
741693LV00041B/2053